ソーシャルワーカーのための
女性支援
ガイドブック

女性の暮らしやすさを考えるソーシャルワーク研究会=編著

中央法規

はじめに
～本書を手に取っていただいた皆さまへ

　女性のライフスタイルは、多くの先達の努力の積み重ねによって多様化してきました。自分らしく生きることを選択できる時代を女性たちは生きています。

　一方で、男女の賃金や活躍する場などの格差は今も歴然としています。働きたくても子どもを預ける環境は十分に整備されておらず、離婚の増加も背景としてひとり親家庭の新たな貧困が生じるなど、多くの生きづらさを抱えた女性が存在しています。女性が自分の生き方を選択できるようになった反面、残存する女性差別や未整備な生活環境によって、さらに生きづらさが助長されている面もあります。

　私たち「女性の暮らしやすさを考えるソーシャルワーク研究会（暮らし研）」は、東京女子医科大学附属女性生涯健康センター（女性のためのメンタルヘルスを中心としたクリニック。2004年開院～2017年閉院）で、主にはDVによる影響からメンタルに支障を来した女性たちの支援にかかわっていたソーシャルワーカーが中心となり立ち上げました。多くのDV当事者女性に対して、医師や看護師、心理士、そして地域の関係機関とネットワークを組み、女性たちが抱える心理・社会的課題（生活障害）に焦点を当て、支援を行ってきました。

　それらの支援を通して、DVの悲惨さやその後の女性の人生に与える影響の大きさを、またその子どもたちに与える影響を強く感じ、このことが見過ごしてはならない重大な人権侵害であり、ソーシャルワークの課題であるととらえました。同時に、女性たちが勇気を振り絞り発信したSOSを受けとめた支援者によって二次被害が多発している現実を目の当たりにもし、女性支援の困難性が高いことも痛感しました。女性が生き生きと暮らせる社会の実現は、女性だけでなく、子どもも高齢者もそして男性も、穏やかで平和な、人権が守られた温かな社会を実現する

ものと、私たちは考えています。

　本書は、2013年に発刊した『女性のための支援ガイド　DV当事者を含めたすべての女性のために』を改編し、女性やその家族にかかわる支援者向けに刷新したものです。生きづらさを抱えた女性たちへの支援とその際に活用する社会資源について、ソーシャルワーカーの立場から解説しました。第1章で女性の相談を受けるときの基本事項を、第2章で女性のライフサイクルの特徴と現代的課題を、第3章で女性が受けやすい暴力・支配の関係を、第4章で女性支援に活用する社会資源を、それぞれ網羅的にポイントを整理しています。

　女性が自分らしく生きることが選択できる時代だからこそ生じてもくる生きづらさを上手に乗り切る一助として、本書を活用していただければ幸いです。それが私たち研究会の願いです。

2019年5月
　　　　女性の暮らしやすさを考えるソーシャルワーク研究会
　　　　　　　　　　　代表　小松美智子

目次

はじめに〜本書を手に取っていただいた皆さまへ

第 **1** 章　上手に相談にのるために

1 女性の相談で頭に入れておきたいこと …………………… 8
2 女性にとって「支援してくれる人」とは？ …………… 12
3 制度と社会資源について ……………………………… 14
4 アセスメントの視点 …………………………………… 17

第 **2** 章　女性のライフサイクルの 特徴と現代的課題

ライフサイクルに沿って ……………………………… 20
1 女性の心と体 …………………………………………… 21
2 学生時代（10代半ば〜20代前半）
　　──大人になる ……………………………………… 24
3 就職期（10代後半〜20代）
　　──社会へ出ていく ………………………………… 31
4 結婚を考える時期（20代後半〜30代）
　　──新しい家族を育む ……………………………… 36
5 子育て期（20〜40代）
　　──子どもとともに育つ …………………………… 44
6 熟年期（50〜60代）
　　──再び輝く自分を生きる ………………………… 51
7 老年期（70代〜）
　　──支え合い生きる ………………………………… 55

第 3 章　女性が受けやすい暴力・支配関係

1　女性たちを取り巻く環境 ……………………………………… 62
2　ドメスティック・バイオレンス（DV） ……………………… 64
3　デート DV、ストーカー被害 …………………………………… 73
4　ハラスメント ……………………………………………………… 79
5　性暴力被害 ………………………………………………………… 86

第 4 章　女性を支援する社会資源

社会保障制度と社会資源 …………………………………………… 96

1 専門相談
1　女性専門の窓口に行きたいとき ……………………………… 99

2 学校・学生生活
1　学生生活でつまづいたとき …………………………………… 102

3 仕事
1　女性が仕事を探すとき ………………………………………… 107
2　妊娠、子育てをしながら働くとき …………………………… 113
3　介護をしながら働くとき ……………………………………… 115
4　病気や障害を持ちながら働くとき …………………………… 117
5　休職するとき、退職するとき ………………………………… 120
6　失業したとき …………………………………………………… 123
7　仕事上の病気やけがをしたとき ……………………………… 125
8　仕事に関する困り事に対して ………………………………… 126

4 結婚、出産
1　結婚するとき …………………………………………………… 127
2　出産するとき …………………………………………………… 129

5 子育て

1 子育てのサポートがほしいとき …………………………………… 143
2 子どもに障害があるとき ……………………………………… 151
3 学童期から思春期にかかるとき …………………………… 157
4 学費の援助がほしいとき ……………………………………… 162

6 別居、離婚

1 別居、離婚したとき ……………………………………………… 165
2 ひとり親家庭の場合 …………………………………………… 173

7 病気や障害

1 病気や障害について相談したいとき ……………………… 180
2 医療が必要なとき ……………………………………………… 183
3 障害の状態になったとき ……………………………………… 190

8 高齢

1 高齢になったとき ……………………………………………… 196

9 生活困窮

1 生活やお金に困ったとき ……………………………………… 207

10 暴力、支配

1 暴力に対して …………………………………………………… 212
2 デートDV、ストーカーの相談機関 ……………………… 220
3 性暴力被害の相談機関 ……………………………………… 221

付録 　**心が弱っているときの
対処のヒント** …………………… 223

索引 ……………………………………………………………………… 227
著者紹介

第 **1** 章

上手に相談に
のるために

1 女性の相談で頭に入れておきたいこと

　困難な課題を抱えた女性（の相談者）を前にして、「十分に受けきれなかった」という思いに駆られることはないでしょうか。

　話を十分に聴けただろうか、心の中にある本音を受けとめることができただろうか。そんなもやもやとした気持ちを抱きつつ、「こういう方向で考えてみたら？」「こう動いてみたら？」「この社会資源を使ってみたら？」といくら提案をしても、空返事だったり、らちがあかなかったりで、最後は「よくお考えになって、どうするか決めてから来てください」と、ここまで直接的な言い方をするかどうかは別として、支援者側からシャッターを閉じて終わることはないでしょうか。

　なぜ、このようなことが起きるのでしょうか。また、苦しさを抱えているはずの女性たちの心の中では、何が起こっているのでしょうか。

　ここでは、最も困難な課題を抱えていると考えられるDV当事者女性を想定して、女性の相談の特徴とその対応について述べていきます。女性の相談を受けるには、受け方のポイントというものがあります。

表明されない不安や困りごと

　相談者として目の前に現れた女性には、見るからに混乱している人もいれば、表情がすっきりとして困っていることなどないように見える人もいます。

　見るからに切羽詰まって困っている様子の女性に対しては、支援者はその人が落ち着けるように配慮し、まずは安心できる場の設定を一番に

考えるようにします。誰でもそう考えるでしょう。

では、何も困っていないような素振りで、自分のことを他人事のように話す女性に対してはどうでしょうか。その様子があまりにも自然に映る場合、支援者は油断してしまうかもしれません。この場合、実際には不安やつらさを自分では明確に表すのが難しいくらい、厚い防衛の壁の中にいることが一つの可能性として想定できます。

支援者が安全な場所を提供しているつもりでも、その女性の背後にある課題の大きさによっては、安全とは思えなかったり、安全と認識するまでに時間を要したりするときもあります。

私たちはしばしば、相手をぱっと見で判断してしまうことはないでしょうか。いかにも頼りなさげな女性には力を注ぎ、上手に頼ることをしない女性に対しては、この人は大丈夫、たいしたことないと判断してしまうことはないでしょうか。相談者と支援者の間にあるこのギャップは、相談を継続していくなかでどんどん広がっていくことが考えられます。目の前に現れていないものがあるかもしれないと考えること、ここが一つ目です。

緊張しているのはなぜ？

人に相談するということは、自分の弱みをさらけ出すことです。「こんなことを相談して大丈夫かな？」「こんなことで悩んでいるのは私だけかな？」「そんなことを悩んでいるのとバカにされないかな？」と緊張や不安がつきまとうものです。できれば人には見せたくない自分の弱みを上手に出せる人と出せない人がいるということをまず押さえておく必要があります。

特に、女性たちが抱えている困難な状況には、結婚や出産、子育て、仕事、家庭と仕事の両立など、女性として遭遇するライフイベントにか

かわる内容が多くあります。支援者側の多くは女性です。支援者も自身のライフイベントとして、困難な状況を乗り越えてきた経験があるかもしれません。その場合、支援者自身の乗り越え方をつい伝授したくなったり、自分が乗り切れたのにそこを乗り切れない女性を能力が低い人ととらえたりということが往々にして起こります。

　人それぞれ、置かれている環境が違っているのにもかかわらず、支援者側にある差別的な視点や態度が女性たちをより緊張させているということが実はあります。たいてい支援者側にその自覚はなく、それが同性間の場合、差別はより強く、厳しく相手に伝わります。

　その女性が困っている状況に対処の術（すべ）を示すことは、状況とタイミングによっては効果的に作用します。でも、まだ相手のことがよくわかっていない段階で、支援者の経験から得たことを提示してしまうのは、支援者の価値判断による決めつけです。

　女性のほうは、まだ十分に話し切っていないのにそんなふうに言われたら、「まだ私のこと何も知らないのに」「もう話せないな」とふたをしてしまうかもしれません。何とか力を振り絞って支援者の前に現れた女性に、「やっぱりこんなことでつまづいている私がいけないのね」と、自信をさらに失わせることにもつながります。

　この人の力になってあげたいという親切心から、何かを提示したくなったときこそ、まず「どこまでも話に耳を傾ける」ことが必要なのです。

体調と小さなサイン

　長く続く DV 状態のなかで自分を守る手段として、厚い防衛の壁の中にいる（いた）女性の場合、今、目の前で展開されていることにすぐ反応するのが難しいことがあります。つらいことができるだけ自分の中に

侵入してこないように防御しているため、つらいこと以外のことも入ってきづらいのです。

すでにDV状態から脱していても、それから時間がずいぶん経過していても、その場が安心な場と頭では理解していても、生きるために取ってきたそれまでの対応パターンを変えるのは、難しいことが多いです。

支援者に相対していて、「もう話を聞きたくない」「ここを立ち去りたい」「つらい」「具合が悪くなりそう」と思ったとしても、そのままは表現してくれません。あいまいな態度のまま、聞き続けてくれることもあります。支援者から見ると、理解しているのか、していないのかがはっきりせず、優柔不断で何事も決められない人のように映るかもしれません。

その数日後、女性は我慢した分、体が反応して具合が悪くなることがあります。そして、「なんであのとき、今日はもう終わりにしたいと言えなかったんだろう」と自己嫌悪に陥り、「こんなに体がつらくなるなんて、あそこ（相談）に行くのはもう無理」と相談が継続しなくなります。

相談者の女性たちの多くは、自分のことはさておいて「我慢する人」たちです。できるだけ相手に合わせようと努力する人たちです。無理をしなくていいんだと女性が思えるようなサインを支援者からタイミングよく発信できることが求められます。

2 女性にとって「支援してくれる人」とは？

以下は、DVを経験した女性にみられる傾向です。

・話がまとまらない。
・話が飛んでしまう。
・主語がわからない。
・遠い過去のことを昨日の出来事のように話す。
・時系列がばらばらで理解しにくい。
・すごく大変な状況を他人事のように話す。
・何が一番優先する必要があることか決められない。
・いろんなことを自分のせいにし、自分の対応が悪かったからと自分自身を責任の所在とした価値基準で話す。
・事実と思いの区別がつきにくい。

ていねいに話を聴いてくれる人

　傾向としてみられる上記の対応は、DV当事者女性が遷延化した暴力被害の状況下で自分自身を守るため、身に着けた対処法ととらえられます。

　これらの対応は、人が生活のなかで自然と身に着けていった振る舞いを急に変えるのが難しいように、相談の初期はもちろんのこと、支援の経過においても簡単には変わってこないものです。

　このような女性の相談を受けるとき、この人は話がわかりにくいから、ゆっくりでもいいからもっとわかりやすい話し方を身につけてもらおう

など、指導教育的にかかわるのは避けなくてはなりません。

　必要なのは、その女性のペースにあわせて、丁寧に整理をしながら聴き取っていくことです。聴き取った内容を書き取り、それを確認してもらうなど目に見える形にしていくのも一つの方法です。そのような支援者の態度や姿勢が安全な場を保障することにもなります。

　支援者のコミュニケーション方法をやがて女性たち自身が取り入れて、変化していくことにもつながります。支援者が相談者である女性のモデルにもなりうるということ。そこを理解しましょう。

親身になって考えてくれて、押しつけず抱え込みもしない人

　相談者の女性にとって、支援者は専門家であり、頼りになる人であり、力を持っている人としてとらえられます。

　それは事実であり、そこには依存関係が生じやすくなります。力が弱っている女性たちに対して、専門職の力でコントロールしていくことも可能です。今、女性たちが困難な状況におかれて力が弱っている人であったとしても、もともとは一人ひとりが生活者としての力を持っている人たちです。ずっと支援者に付き従う、言いなりになっている人ではないのだということを支援者は頭に入れておかなくてはなりません。

　女性たちが持っている力を引き出し、女性自身が自分の力を自覚できるようになっていく支援こそが必要です。

　支援者は一人ではありません。目標が変わってくれば、支援者が別の支援者にバトンタッチすることもあります。かかわった支援者同士がチームとなり、複数の関係機関がネットワークを組んでかかわることが大切です。

今困っていることと、今までの話ができる人

　DV当事者女性の場合、状況によっては緊急性が高く、その場ですぐ安全を確保するために動けるくらいのスピードが求められることがあります。そのような「今困っていること」にきちんと対応できることが支援者に求められます。ただし、すべてが緊急に対応しなければならないことばかりではなく、対策を練って日常生活上の課題に一つひとつ取り組んでいく場合もあります。

　そのような支援を行うには、その女性のことを理解する必要があります。育った環境や受けてきた教育、学生生活、あれば結婚生活や子育て、現在の家族の状況、地域での生活、その女性が大切にしてきたものなど。それらのなかに、女性の理解につながることがたくさんあるでしょう。

　話題としても、今困っている大変なことだけでなく、楽しい時間のことやその女性が輝いていた時代のことを取り上げることが大切です。女性にとっても、こんないい時間がある、あったと思えるのは、自分を取り戻すいい機会となります。支援者には、現在だけでなく過去を振り返り、そして未来へとつながる支援を志向することが求められます。

3 制度と社会資源について

 ## 心強いがハードルも高い

　社会資源は、今の困った状況を解決しうる大切なものです。しかし、

それらは自分で申請することが必要とされるものが多く、役所の窓口などは緊張を伴う場と感じることもあります。また、制度は内容が複雑で、耳慣れない語句もいろいろと登場し、理解が難しいものもあります。説明を聞いても、すぐにはわからないかもしれません。

相談者の女性は、せっかく自分のために説明してくれているのに「わからないなんて言えない」と我慢したり、わかったふうな態度を取ったりしてしまうことがあります。「わかりません」とか「もう少しゆっくり教えてください」と伝えられる女性は多くありません。理解力が低い女性ととらえるのではなく、伝え方のほうに課題があると考えることが必要です。パンフレットを渡す、紙に書いてみる、絵にしてみるなど、その人の理解の度合いに合った道具や方法を使っていきます。

相手に合わせてわかったようにふるまうことを身に着けてきた女性たちだけに、有効な社会資源を逃してしまうことがあります。何度でも丁寧に説明し、うまく伝わらなければ伝え方を工夫しましょう。

また、「(役所の窓口へ)行ってください」と言って、さっと行動できるとは限りません。緊急度に合わせて、支援者が同行したり、同行してくれそうな人や組織に依頼したりなど、状況に応じて対応します。

ぴったり合う制度は少ない

何か解決したい課題があったとして、その課題を100％望んだとおりに解決してくれる制度や社会資源ばかりではありません。50％か60％の解決にしかならないかもしれず、使いづらさや制限も多くあるでしょう。

このようなときは、だから使わないのではなく、まずは50～60％の負担軽減を図ってみて、それから次を考えるという柔軟性が必要です。ちょっと楽になると、次のことが考えやすくなったり、制度を利用する

コツをつかむことができたり、人とのつながりが増えたりなど、もともとの目的とはまた別のプラスの要素が加わってきます。

　一気に完全な解決を目指そうとすると、かえってうまく進んでいきません。現状を少しずつ変えながら改善していくように考えることが大切です。このことは相談者の女性にも伝えてみるといいでしょう。白か黒、0か10とどちらかに決めるのではなく、限りなく白に近いグレーから限りなく黒に近いチャコールグレーまで色には幅があり、好きな色系統の手にできそうなところから手にしてみるという発想です。すべてが解決するわけではないけれど、まずはここから始めようという考え方は、相談者の女性のこれからの生き方を楽にしてくれることにつながります。

探り当てること、組み合わせること

　その状況に使えそうな社会資源が見つからないときもあります。このようなときは、自分だけで打開しようとしないことです。一人の支援者ではやれることに限界があります。他の支援者はどのようにしているのか、使えるものがなかったらどう工夫しているのかを聞いてみることが大切です。職場に複数の支援者がいるなら、日頃から組織として社会資源の情報を共有しておくこと、職場内でいつでも相談し合える体制を取っておくことが必要です。他機関ともネットワークをつくって、情報が定期的に更新される体制ができると、さらに心強いでしょう。

　生活のニーズは、多様で変化するものです。現状に社会資源が追いついていない面もあります。支援者は、相談者の女性の困難を間近でとらえている専門職です。適当な資源が「ない」ということで終わらせず、作り上げていくために声を上げることも必要です。

　一人の女性が遭遇する生活上の困難は、その人に固有の課題ではなく、

今を生きる女性たちに共通の課題かもしれません。相談者を代弁する支援者一人ひとりの声は、まとまれば大きな声となり、行政を動かすことも可能となります。市民活動、NPOなど動きやすさから地域に有用な資源として機能していくものもあります。「ない」ものを作り出していく視点や姿勢を持つことが重要な一歩になります。

4 アセスメントの視点

閉ざしているからこそ

　前述したように、深刻な課題を内に抱えている女性は、分厚い防衛の壁をつくって自らを閉ざしています。

　だからこそ、安心・安全な場を提供します。人の出入りが少ない、静かで落ち着いた、集中して話をすることも聴くこともできる環境をはじめに設定しましょう。そして、支援者のバーバル（言語）・ノンバーバル（非言語）コミュニケーションに注意を払いましょう。

　自分の思いをしっかり聴いて受けとめてくれる支援者かどうかを相談者である女性たちは真剣に細やかに値踏み（アセスメント）しています。傷ついている女性たちには、言語よりも非言語のメッセージのほうが強く伝わります。支援者が優しい言葉をかけながら、また同じ話の繰り返しかとうんざりした態度をのぞかせたら、その態度のほうが印象に残ります。

信頼関係が醸成されていない間は、決めつけたり指示をしたりするのはもちろんのこと、質問もし過ぎるのは避けましょう。それが相談者を理解したいという気持ちからであっても、矢継ぎ早の質問は相談者を追い詰めます。聴くことに専念し、オープンな自由な答えが返ってくる時間を大切にしましょう。

身体的にみる、心理的にみる

　アセスメントは、さまざまな視点から行います。身体面、心理面、社会的側面から課題をとらえるとともに、その女性が持っている力、プラスの面に目を向けます。現在の課題に対しては、何が優先的に取り組む課題であるかを考え、今後起こりうる課題も予測します。

　アセスメントした内容は、支援者だけが理解するのではなく、相談者と共有することが大切です。相談者である女性自身がその課題に取り組む人であることをお互いに認識する機会になります。

最初の声のかけ方

　その女性が抱えている課題が大きければ大きいほど、相談に伴う負担も大きいことは容易に想像できます。何から話していいのかと戸惑いのなかで言葉にすること自体に大きなエネルギーがいることでしょう。

　相談者の話を少し聞いてみて、とてもつらそうに見えたら、よく相談しようと決心したこと、ここ（相談）に来ることができたことをねぎらい、あなたが一人ではないこと、これから一緒に考えていきたいことを伝えてください。相談の具体的な内容だけではなく、相談者の感情をフィードバックして寄り添うことです。

第 **2** 章

女性のライフサイクルの
特徴と現代的課題

ライフサイクルに沿って

　女性の人生は、就職、結婚、出産、育児、家庭の中心的営み、場合によっては介護へとステージが多様で、それらに女性の身体・生理的特徴とその経年変化、社会のなかでの役割期待などが加わり、そのありようは男性に比べてはるかに複雑であるといえます。

　「子どもを生み、育て、誰かを支える自分」と「個としての自分」の双方をよいバランスで保っていくことが求められ、それに応えながら人生を豊かなものにしていくのが女性です。しかし、悩みや生きづらさもそれぞれの年代ごとに生じてきます。一人でがんばるだけでなく、他者（社会資源）を上手に頼りながら自分らしく生きていくのも女性です。

　2章では、女性のライフサイクルに沿って、各年代の特徴と現代的課題を明らかにします。ライフサイクルのとらえ方や時期の分け方には諸説あります。本書では、大人になっていく時期（10代半ば〜20代前半）、社会へ出ていく時期（10代後半〜20代）、新しい家族を育む時期（20代後半〜30代）、子どもとともに育つ時期（20〜40代）、再び輝く自分を生きる時期（50〜60代）、支え合い生きる時期（70代〜）と区分しました。もちろん、生き方はそれぞれですから、こう区分すること自体に意味はなく、各年代がもつ特徴としてとらえてください。

　それぞれの年代にはその年代ならではのよさというものがあります。そこに気づき、輝いて生きるためにも、併せ持つ課題をしっかり理解しておきましょう。

1 女性の心と体

現代の女性は、さまざまな選択肢から自分のライフスタイルに合った生き方を選ぶことができます。ひと昔前は、結婚・出産・子育て、いわゆる家庭に入ることが女性の一般的な生き方とされていた時代でした。今は、結婚・出産しても働き続けたい、子どもを持たず夫婦で暮らしていこう、結婚は選択せずキャリアを積みたいなど、生き方が多様化しています。女性として個、家族、仕事等のバランスを保つことが必要となってきました。

1 女性をとりまく環境

こうした時代の流れは、男女雇用機会均等法や育児・介護休業法が施行・改正されるなど、女性の社会進出を支えようという社会全体の意識が変わったことを背景としています。しかし、女性をとりまく環境は、変化したところもあれば、「男は仕事、女性は家庭」という考えが根強く残っているところもあります。

働く環境においては、男性職員との労働格差や妊娠・出産・育児を理由とした離職、ハラスメントの問題等、働きづらさにつながる問題があります。家庭においても、育児に夫の協力が得られない、保育園に入れない（待機児童問題）、DV（ドメスティック・バイオレンス）や親の介護等、さまざまな問題があります。

また、女性の体は、妊娠・出産のほか、月経前症候群やうつ、更年期障害など女性ホルモンの影響を受けやすい上に、生活習慣の変化や現代社会のストレスなどが加わり、心や体の不調をきたしやすくなっています。

心と体、そして家庭と仕事が相互に影響し、問題が複雑になることもあります。それゆえに、どの生き方を選択したとしても、本当にこの選択肢でよかったかと自問自答を続けながら、女性は前に進んでいるのではないでしょうか。自分らしく生きるための選択の幅が広いぶん、悩みや問題も個別化・多様化しており、生きづらさも多い時代といえるかもしれません。

② 女性特有の心と体の問題

　女性の心と体は、思春期から老年期まで、女性ホルモンによる心身の変化と、結婚、育児、仕事、介護等のライフステージが密接に関係し、さまざまな影響を受けます。

　女性のライフスタイルの多様化は、健康への問題とつながることがわかっています。最近は、本や雑誌、SNS、インターネットなどいろいろなところで、女性が抱える体の悩みや不調が取り上げられる機会が増えています。肩こり、頭痛、生理痛、冷え、むくみ、肌あれ、月経前症候群、子宮頸がん、乳がん、更年期障害、骨粗鬆症など、さまざまな症状や対処法が取り上げられ、女性の健康問題への関心が高まっていることがわかります。

　特に仕事をもつ女性は、30〜40代になってから妊娠・出産をする人も増え、仕事と子育てを両立していたり、また管理職として責任の重い時期に更年期障害を抱えていたり、ストレスやうつ、マタハラ、パワハラといったハラスメント等の問題から精神的に不安定になるなど、心と体へ負担がかかっています。女性特有の疾患である子宮内膜症・子宮筋腫、卵巣嚢腫、乳がんなどの発症には、月経回数が多く、出産や授乳の回数が少ないことが関係しており、妊娠・出産をせずにキャリアを積む女性も増えたことが疾患の増加の一因であるともいわれています。

3 家庭や仕事に多忙

このように、女性は女性特有の体の変化とともに、家庭や仕事の役割を担いながら生きていて、多忙です。そのため、自分の症状に気づいていないことや、気づいてもまだ大丈夫と健康への気遣いが二の次になることがあります。

対処法として、規則正しい生活、リラクゼーション、適度な運動、カフェインやアルコールの摂取を控えるなど、ライフスタイルの改善が大切であると同時に、検診を受けることやおかしいと感じたときに速やかに医療につながることも必要です。近年は、女性特有の症状を診る専門外来、女性外来も増えています。

病気になったときの病状や、その治療を受けることは、家庭や仕事生活に影響します。20 ～ 40 代の働き盛りの世代では、治療や療養期間が長期にわたったり、副作用等で以前と同じように体を動かせなかったりすると、家事や育児、仕事を休まなくてはならないことも出てきます。しかし、職場や家族に迷惑をかけられない、頼れない、働かないと収入がない、医療費が払えないなど、自分の治療よりも家庭や仕事を優先せざるを得ない状況もあります。老年期では、単身世帯の増加から介護の問題や看取り、葬儀や相続のことなど、自分が亡くなった後のことまで不安や悩みは尽きません。

相談や支援を必要とする女性は、さまざまな人生を送っています。その女性たちの多様化・複雑化する生き方を支えていくのに、公的な支援だけでは限界があります。インフォーマルな資源も含め、保健・医療・福祉それぞれの分野からの総合的なかかわりが支援者に求められています。

第2章 女性のライフサイクルの特徴と現代的課題

2 学生時代 (10代半ば～20代前半) ── 大人になる

　社会とは、人間が集まって生活を営むその集団や共同生活のことをいいます。成人すれば、この社会の一員として自分の力で生きていくことになります。本項では、社会の一員になる準備時期、おおよそ10代半ばから20代前半がどのような時期なのかを説明します。

1 自分らしい一歩を踏み出す準備のとき

　18歳頃から20代前半は、子どもから大人への移行期といわれています。18歳になれば運転免許の取得が可能となり、選挙権も18歳で発生します。20歳になれば、成人式を迎え、お酒・たばこも許され、生活の幅や機会が広がります。自分で判断、決定できることが増えていき、それと同時に社会での「責任」や「義務」がうまれます。

　社会に出る前、一歩をふみ出す準備をするこの時期は、さまざまなことを自分で考え試行錯誤します。これまで周囲から与えられた環境のなかで送ってきた生活を今度は自分の生活、自分の人生としてどう過ごすかを自分で考えることになります。

　「自分自身は何者なのか？」と自らの内面に向き合うことから、「何をして働きたいか」といった仕事のこと、さらに「自分の生きがいは何か」ということまで、考える範囲はとても広いのです。

2 アイデンティティ、自分づくり

　アイデンティティとは、日本語訳で「自己同一性」といい、辞書（精選版日本国語大辞典）によれば、「他とはっきりと区別される、一人の人間の個性」のことをいいます。この時期、私は何者なんだろう、なぜ

存在しているんだろうと、内面的な疑問がうまれます。もう少しわかり
やすくいうと、自分はどんな性格でどのような能力があって、そしてど
んな気質があるかを考え、「自分」という個性を受け入れていく過程の
ことをいいます。

　また、第二次性徴から性成熟までの段階にあることから、ジェンダー
アイデンティティ（性自認・性的指向）に向き合う時期でもあります。
2015年に実施されたLGBT調査（電通ダイバーシティ・ラボ）による
と、性的少数者（セクシャル・マイノリティ）は全人口の7.6％、13人
に1人は性的少数の当事者ということになります。

LGBTとは

　L：レズビアン（女性同性愛者）、G：ゲイ（男性同性愛者）、B：バイ
セクシュアル（両性愛者）、T：トランスジェンダー（心と体の性が一
致しない人）の頭文字とった言葉で、その他Q：クエスチョニング（自
分の性別や性的指向に確信が持てない人）、I：インターセックス（身体
的男女の区別がつきにくい人）など、LGBTにあてはまらない性的少数
者もいます。

　ジェンダーアイデンティティは、社会的な性ともいわれ、法務省が人
権問題の一つとして取り扱うほど、日本の社会では偏見や差別が横行し
ています。大変繊細な問題であり、簡単に自己開示することが難しい状
況のなかで、サポートに辿り着けないこの世代の自殺念慮や自傷・自殺
未遂等の頻度は高率であるといわれています。

　ジェンダーアイデンティティも含め、この時期は内面を見つめ直すと
同時に自分の周囲の環境、特に人との関係性も考える時期です。家族の
なかでの自分、友達関係のなかでの自分、学校やアルバイト先での自分
等、自分を取り巻く環境のなかでの自らの存在について考えます。

とても苦しい時期ですが、自分づくりはその後の自分らしい人生を歩む上で重要な課題の一つです。自分らしい人生とは、これまであたたかく見守ってくれていた親をはじめとする周囲の人たちから巣立つことも意味します。

10代半ばから20代前半のこの時期は、自分自身を見つめ直し、この先の人生を自らの力でどう生きていくのか、そのためにどんな仕事に就くのか、具体的な未来を考える重要な時期です。

Column

セクシャル・マイノリティの生きづらさ

日常生活のなかで、異性愛が前提で話が進んだり、当たり前のように性別で分けられたりする場面が多々あるため、LGBTの人は学校生活や就職活動、職場などで、さまざまな悩みや生活しづらさを抱えています。

◆実際の場面
- 普段の会話で：恋愛についての質問が本人と反対の性を前提に「彼氏（彼女）はいますか？」となる、「ホモ・レズ・オカマ」など侮辱する会話がなされる…など
- 学校生活で：トイレに行けない、ランドセル・制服が嫌、入浴や部屋割を考えると宿泊学習に行きたくない…など
- 就職活動で：履歴書やエントリーシートの性別欄に困る、スーツでの就職活動が苦痛
- 職場で：制服・更衣室・トイレなど困る、相談窓口がない、同性パートナーだと社会保障が十分でない…など

電通ダイバーシティ・ラボが実施した「LGBT調査2015」によると、LGBT層に該当する人は7.6％という結果が出ています。40人の学級であれば、2～3人が当事者ということになります。しかし、多くの人が「身の回りにLGBTの人はいない」と答えており、LGBTの人たちが生きづらくなることや困ってしまうことを無意識のうちにしているのかもしれません。

3 社会適応とこの時期に潜む危険

　社会で生きていくために必要な力として、経済産業省は、「考え抜く力」「前に踏み出す力」「チームで働く力」の3つを示しています（図1）。これらは、社会に出てから徐々に身につけていかなければならない力で、周囲から求められている力でもあります。現在どの程度の力が身についているのか、女性たちの自己評価の指標として活用するのも一つです。

　自分が何者かを思い悩む時期は、気持ちが不安定になり、周囲とも上手にコミュニケーションが取れず、何かに頼りたいと思うことがあります。こういった時期だからこそ、さまざまな危険が潜んでいます。インターネットでは、不正アクセスによる「なりすまし」や「乗っ取り」、偽サイトに誘導して不当な請求をする等のネット詐欺、SNS等の情報

図1　「社会人基礎力」とは

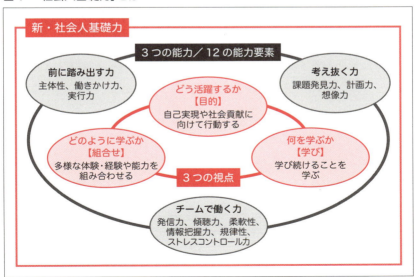

出典：「人生100年時代の社会人基礎力について」経済産業省「人材像ワーキング・グループ」第7回資料より

から居場所を特定されストーカー行為に遭うなど、女性たちからさまざまな被害が報告されています。些細な変化や徴候に周囲が関心を持ってかかわることが必要です。

4 多様な環境との出会い

友人関係

　思い悩んでいるときは、日常生活から離れようとすることもあります。また、同じような悩みの時期を過ごす友達との関係がぎくしゃくするなど、交友関係に変化があるかもしれません。そんなときは何も手につかず、自信を失くし、学校へ行く気力も失せ、長期欠席から不登校へとつながるおそれもあります。事態が悪化する前に早めに対応することが重要です。

　高校生になると、交友費や運転免許の取得等、さまざまな目的のためにアルバイトは欠かせません。近年、ブラックバイトという用語が登場してきているように、社会的にも立場の弱い若者に対し、雇用側に都合のよい勤務を強要する企業が増えています。アルバイトといえども「労働者としての権利」があることを自ら認識することが、社会人になる準備としての第一歩にもなります。

インターネット依存、性犯罪

　日常で利用するには大変便利な道具であるインターネット（スマホ、ゲーム等）は、日常生活に支障が出てしまうネット依存に陥り、不登校につながるおそれがあります。最近は、インターネット依存の専門外来も誕生しています。インターネットは、不当な利用額請求や、使われ方によってはストーカー被害などの犯罪に巻き込まれることもあります。

　若い女性を狙う性犯罪は、あとを絶ちません。インターネットを通じ

て起こる犯罪もあれば、思い悩んでいる若者に友達のように近づいてきて犯行におよぶ例もあります。彼らは言葉巧みに女性の信用を得ようとします。「かわいいね」「君のことが心配」と親近感を寄せてくる声かけや、「道案内をしてほしい」など善意につけ込む声かけをしてきます。女性は常にターゲットにされやすい現実を認識し、日々の行動や対応に注意を払うことが身を守る唯一の方法であることを、支援者は伝える必要があります。

摂食障害、リストカット、自殺

　自分とは何かという内面的に考え悩む時期は、周囲の人と自分を比較し、たとえば体重や体型が気になります。気になり過ぎて「食べる」という行為がうまくできなくなってしまうのが摂食障害という病気です。症状としては、ごはんが食べられない「拒食」、ムチャ食いをする「過食」があります。身体的には低栄養となり、心拍数や血圧、体温が低下し、月経不順や意識がぼんやりするなどの症状も現れます。この病気になると、身体と心を同時にケアする必要があります。

　自傷行為であるリストカットは、自分の意思で意図的に「手首（リスト）を切る（カット）行為」です。全国的な調査では16〜29歳が最も多く、思春期以降の女性ホルモンのバランスから女性に多いともいわれています。大きな精神的ストレスを抱えていたり、ストレスへの対処がうまくいっていなかったりすることが原因の大きな一つになります。

　リストカットは、切ると気持ちが楽になるという感覚を追い求め、慢性的に続けることにつながります。自殺念慮としての側面もあり、自殺は未成年死亡原因の1位であることから社会問題になっています。危機的状況を見逃さないよう予防的対応が重要になります。

Column

いのちの門番「ゲートキーパー」

15歳から34歳の若い世代の死因の第1位は、自死（自殺）です。先進7か国（G7）では日本のみであり、これからの社会をつくっていく世代の自殺は深刻な問題です。この自殺を予防するために、「ゲートキーパー」という役割を担う人がいます。自殺の危険を示すサインに気づき、適切な対応（悩んでいる人に気づき、声をかけ、話を聴き、必要な支援につなげ、見守る）ができる人のことです。「命の門番」ともいわれ、各自治体や関連団体が養成研修を実施しています。誰でも受講でき、研修を修了するとゲートキーパー手帳をもらい、地域で自分のできる活動に取り組みます。

3 就職期（10代後半〜20代）
── 社会へ出ていく

　一人の社会人として、実社会へ船出していくときです。自分の能力を社会でどう活かしていくか、どのように生きていくかの選択と準備ができる年代です。仕事をすることにより、経済力もつきます。いろいろな経験をして、自信につなげることができます。

　反面、社会の変化の波をいちばん受けるのがこの年代です。環境の変化のなかで自らを変化させていくことを否応なしに迫られます。

　そして、学生時代はほぼ男女平等に教育を受け、男女の格差をそれほど感じることがなかった女性が、就職の時期になると突如として社会のジェンダーの壁を感じるときでもあります。近頃は「男女共同参画」「女性が活躍する社会づくり」などのスローガンをよく耳にするようになりましたが、それだけ現実は男女の差が歴然とした社会であることを物語っています。女性が社会に出て行くこの時期は、ジェンダーがのしかかってくる時期と言い換えることもできるでしょう。

1 自分らしく生きる一歩

　現在、キャリア教育は小・中学校から始まっており、学校教育のなかに組み込まれています。高校や大学で学びたいことと職業にはつながりがありますから、進路を決定するときは具体的な職業選択を考えるときでもあります。以前に比べて、職業選択の時期はどんどん早くなっています。そして、学卒後は一般職にするか総合職にするかなど、働き方を定めて就職活動をしなければなりません。

　職業や働き方の選択は、女性の人生や自立に大きな影響をおよぼします。そのため、今の目の前のことだけでなく、将来を見通した人生プラ

ンに対する問いかけが必要です。人生でやりたいことや叶えたい夢は何か、どんな生活がしたいか、結婚は？　子どもは？　などの問いかけにより、働き方を主体的に選択するための「軸」ができてきます。就職活動の前、できれば学生時代から人生プランの問いかけがなされ、「軸」を持つことが自分らしく生きる一歩になります。

2 日本型雇用慣行と男女格差

　日本型雇用慣行には、「終身雇用」「年功賃金」「企業別組合」の３つの特徴があります。この３つの特徴は、日本型雇用の三種の神器とも呼ばれ、日本の戦後の高度成長期を支えてきました。企業は就業経験のない新卒の若者を一括採用し、社内外の教育訓練を行い、人材として育てていきます。このような人材育成は、長期雇用が前提となっているため、結婚や出産で退職すると考えられていた女性は育成対象ではなく、そのために昇進・昇給も望めませんでした。このような背景が男女の格差を生む一つの要因となっています。

3 性役割と社会保障

　日本は、「男は仕事、女は家庭」という性役割意識が根強い社会です。男性は依然として育児休暇等が取りにくく、結婚・出産・育児・介護といったライフイベントをきっかけに、女性が働き方を変えることが多いのが現状です。

　女性が結婚や出産でいったん離職すると、さまざまな課題に直面します。そもそも日本の労働市場は、職業的なブランクをよしとしない風潮があります。そして、正規雇用者は男性並に長時間働くことが期待されています。一度離職した女性が再び働こうとしても、職業的なブランクや長時間労働ができないことを理由に、正規雇用として採用されづらい

現実があります。

　また、日本の税・社会保障制度は性別役割分業を反映し、女性が扶養の範囲内で家計の補助的に働くことを優遇し、促進してきました。結婚や出産で離職した女性が働くことを考えたとき、家事や子育てなどの家庭の役割を果たすためには、長時間拘束される働き方は難しく、短時間労働でかつ扶養の範囲内で働くことができる非正規雇用を選択しがちです。

　その結果、女性の経済力は独身時代よりも低下していきます。このことは女性の老後の年金にも影響し、正規雇用で働き続けたときより受給年金額は格段に下がります。

　制度が想定している「稼ぎ手の夫とその妻子」という標準世帯であるうちは、こうした女性の実態は世帯に隠されて見えてきません。単身女性、離婚やDVなどで女性が世帯主になり、初めて女性の経済力が社会のなかで可視化されます。

　根強い性役割意識、長時間労働、社会保障に性役割分業が組み込まれていることなど、女性を取り巻く状況が女性の働き方と人生に大きな影響を与えています。

ここが **P**oint!

女性の仕事に関する困りごとの一つに、職場のセクハラ、パワハラがあります。支援者が職場のハラスメント等の相談に応じるときは、話しの聴き方に注意が必要です。事実について思い出して言葉にするとき、女性は被害を再体験することになるからです。対応によっては、思わぬ心身反応を引き出すこともあります。女性の心身の状況を推し量りながら対応する必要があります。

4 景気の影響と雇用形態

　若年女性の就労の大きな課題の一つに、非正規雇用の増加があります。リーマンショック以降、新卒一括採用は一気に控えられました。正規雇用を希望しながらも、非正規雇用にならざるを得なかった「不本意非正規」の若者は、不安定な低水準の賃金で働くことになります。その結果、若年層の特に女性の貧困が増加しています。非正規雇用の問題は、男性よりも女性に多くの問題を投げかけているのです。

　女性が非正規雇用で働く場合の賃金は、概ね低水準です。どんなに長時間働いても、日々の暮らしだけで精一杯で年金や保険などの社会保障の支払いができない人もいます。このような女性が雇い止めや病気などで労働による収入が絶たれると、失業給付などの社会保障のセーフティネットが機能しません。

　収入が絶たれた女性は、一気に貧困に追い込まれてしまいます。最後の砦である生活保護にもうまくつながらず、そうした女性の一部がネットカフェなどを転々とした末に寮や託児所など、働きやすい環境が整った性産業や風俗などに取り込まれているという現実もあります。非正規雇用の増加は、若い女性の貧困の温床になっており、喫緊の課題としての対策が必要です。

5 女性の職業生活への移行にまつわる課題

　社会に出て働き始める時期は、社会の波にもまれ、学生時代から引き続きアイデンティティが揺らぐ時期です。誰もがこの時期を上手にやり過ごせるわけではありません。

　新卒一括採用の波にのれず就職浪人になる高学歴の女性、いったん就職したものの早期に退職し復職していない女性、健康や対人関係に課題があり社会に適応できない女性もいます。こうした女性が日々の暮らし

を立てていくためには、アルバイトなどの非正規雇用の収入だけで賄うことは難しく、結果、親世帯との同居を選択することがあります。

親と同居で低収入や無職である状態を、男性であればニートやひきこもりととらえられやすいのに対し、女性の場合は、家族も本人も「家事手伝い」ととらえ、就労の課題が見過ごされがちです。結果、親の高齢化、介護や死をきっかけに、初めて課題が表面化することになります。キャリアの空白（非正規雇用者を含む）がある人に対して、社会は寛容ではありません。そして、何とか社会復帰を果たしたとしても、経済的な自立はほぼ見込めません。

この時期の女性の職業移行の課題は、将来の女性の自立と経済力を決定づけるほどの影響があります。

6 いつからでもやり直しができる社会へ

日本の雇用慣行では、学歴を含むこれまでの経験が重視されます。そして、一度キャリアの路線を外れると容易には転換しづらく、格差が固定しやすい構造になっています。そのために、若者たちは将来の夢や希望を描きにくくなっている現状があります。その上、女性は社会にあるジェンダーの壁にぶつかり、自身の努力や能力だけではカバーできない現実があることを早々に実感します。

こうした現実をまずはしっかり知ることが女性の支援の始まりになります。そして、支援を通じて、女性が自らの夢や希望のもと、いつからでもやり直しができる社会を目指していきたいものです。

4 結婚を考える時期
（20代後半〜30代）
── 新しい家族を育む

　20代後半から30代は、社会生活にも慣れてきて自分の生き方を本格的に模索し始める時期です。これからの長い人生に希望を持ち、具体的な目標に向かって前進しようとしている人が多いのではないでしょうか。

　恋愛、結婚、出産、仕事の充実……。喜びを感じられる出来事が多い時期でもあります。なかでも、結婚と仕事は、多くの人にとって大きなテーマとなります。ひと昔前と違って、昨今は女性もさまざまな生き方を選択できるようになりました。結婚し子どもを持つ人、結婚し子どもを持たない人、独身の人、未婚の母、離婚してシングルマザーになる人、再婚し新しい家族をもつ人など、さまざまな生き方が存在し、就労もしたりしていなかったりとさまざまです。

　それらの多様な生き方があるなかで、女性はなぜか、いつもどこかに不全感や生きづらさを伴うことが多いのです。この年代を生きる女性についてみてみます。

1 結婚を取り巻く現状

　憲法第24条第1項には、「婚姻は、両性の合意にのみ基づいて成立し、夫婦が同等の権利を有することを基本として、相互の協力により、維持されなければならない」と定められています。明治民法は、家父長制を基盤とした家制度を守るため妻を無能力者としましたが、憲法はこれを覆し、女性の権利と尊厳を明記しました。

　現代では、20代後半から30代に結婚する人が多くなっています。お見合い結婚は大幅に減り、愛情を感じる人と暮らすこと、子どもや家族

をもつこと、経済的な安定などを期待した恋愛結婚が主流です。

このように、「結婚」や「家族」は時代の変化、特に女性の生き方の変化とともに法的にも状況的にも大きな変貌を遂げています。戦後、初婚年齢は年々上昇しています。女性の平均初婚年齢は、1947（昭和22）年には22.9歳だったのが2016（平成28）年には29.4歳となり、晩婚化が進んでいます。初婚年齢が上がっているだけでなく、婚姻率や出生率は低下傾向です。さらに、未婚率の増加や核家族化の影響もあり、単身世帯が増加しています。

このような状況の要因として、女性の高学歴化や社会進出、女性の生き方の多様性などが考えられています。たしかに、女性たちが自分らしく生きるために、学びを深め、職業を持って自立した生活を目指すようになってきています。しかし、一方では雇用情勢の改善傾向と反して、非正規雇用の割合が依然として高く、いつ首を切られるかわからない不安定な経済状況など隠れた貧困の深化により、特に男性が結婚に踏み切れない状況があります。そのことも大きく影響していると考えられます。

独身女性

近年では、経済的に自立していて、特別な出会いがなければ結婚をしなくても生きていけると考える女性が増えています。仕事や趣味に積極的に取り組み、生きがいを見出していることもあります。何かを決めるときには、すべて自分で決定する。時間やお金の使い方も自分しだいです。

でも、ふと周りを見渡し、結婚して専業主婦になる人や仕事も子育てもしている人を見たときに、「自分はこの選択でよかったのだろうか」と思ったりします。結婚に関して実家の親からのプレッシャーを感じる人もいますし、生涯一人で過ごすことを考えたときにとてつもない寂し

さや不安を感じる人もいます。

事実婚

　新しい家族の形の一つとして、事実婚があります。事実婚とは、婚姻届を出さずに結婚生活をしていることを指します。法律上は内縁と同様に扱われています。事実婚を選ぶ主な理由として、夫婦別姓でいたい、戸籍変更を望まない、夫婦対等な関係を築きたい等があります。

　近年、事実婚は特に社会保障関連の分野（年金保険、医療保険、労災保険等）を中心に、婚姻届を出した法律婚と同等に扱われるようになってきています。しかし、税金や相続の分野では、夫婦の権利は認められていない、子どもをもうけても共同親権にならない、生命保険の受取人になるのが難しいなど、法律婚にはないさまざまな不利益があります。

　事実婚を選択しようとするときは、法律婚と事実婚の法的な違い、不利益などをよく調べた上でパートナーと十分に話し合い、準備しておく必要があります。

夫婦別姓

　夫婦の姓の選択については、多くの女性が多少なりとも違和感や抵抗感を持ったことがあると思います。現行法では、「夫婦のうちどちらかの性を名乗る」ことになっていますが、厚生労働省の統計（平成28年度人口動態統計特殊報告「婚姻に関する統計」）によると、96％の女性が改姓し、男性が戸籍の筆頭者になっています。

　夫の姓を希望して改姓する女性もいますが、それを希望していない女性は、「女性のほうが改姓するのが当たり前」「男性が改姓するのは婿養子に入るとき」という考え方が一般に流布しすぎて、男性に自分の意見を主張しにくい状況があります。

法律上は夫婦平等になったはずですが、まだ男性中心の社会といえます。姓を変えないためには、事実婚、通称使用（職場等で旧姓を使用し続ける）という方法がありますが、事実婚では前述のような不利益があります。通称使用は認められない場面も多いため、使い分けが不便という不利益もあります。

同性パートナーシップ

生き方の多様性が認められてきた現代において、戸籍上同姓であるパートナーとともに生活し、事実上「結婚」しているという状況のセクシャル・マイノリティの人たちがいます。

しかし、日本にはセクシャル・マイノリティの人を差別から守る法律はなく、社会には残念なことに偏見も根強くあります。結婚においても、世界的には欧米諸国を中心に同性パートナーシップを法的に保障する制度が広がってきていますが、日本は国の法律として「同姓婚」や「同姓パートナーシップ制度」はありません。パートナーである2人に法的なつながりがないことによる、また同性同士であることによる不利益が多くあり、生きづらさにつながっています。このような現状を受けて、2015年以降、区市町村において同姓パートナーシップを承認する制度を導入する動きが少しずつ広がってきています。

2 就労する女性たち

この年代の女性は、同じ会社にいれば勤続年数が長くなり、経験も積んでいます。30代になれば、会社からもある程度認められ頼られる存在になり、仕事での充実感を得る人もいます。しかし、仕事をどんなに頑張っていても、同期の男性社員のほうが早く昇進していき、悔しい思いをすることもあります。未だに男性優遇の会社が多いのが現状です。

また、この時期の働く女性にとって、最も悩ましいのが出産と子育てです。半数近くの女性が第一子の出産と同時に仕事を辞めています。「子どもが小さいうちは母親がそばにいたほうがいい」「育児は女性がするもの」という考え方によって、離職を選択するのです。

　子育てには時間も労力もかかります。日本では男性の育児参加が少ない上に、女性も特に非正規雇用では育児休暇が取りにくいことや保育園の待機児童問題などから、離職に追い込まれやすくなります。

　妊娠・出産をきっかけに職場で嫌がらせや解雇、雇い止めなど不当な扱いを受ける「マタハラ（マタニティハラスメント）」も離職の要因になっています。やりがいとともにせっかく積み上げてきたキャリアを絶たれる。これを多くの女性が経験します。途中で折られたキャリアを続きから積み上げることはできません。そして、子育てをしながら再就職しようとするときには、多くの人が非正規雇用になります。仕事での自己実現や、自分らしく働きたいと願う女性のなかには、企業で働くことをやめて起業する人もいます。

　そして、就労する独身女性は、経済的に安定している人ばかりではありません。巷には「貧困女子」という言葉もあります。定義ははっきりしていませんが、月10万円以下で生活する女性や生活保護基準を下回る経済状況の女性がイメージされています。主にはパートやアルバイト、派遣社員といった非正規雇用で働いているけれど、生活が苦しく日々生きていくのに精一杯という人です。このような人たちは、将来への希望や生きがいよりも、今日明日の生活を維持していくことを優先することになります。「こんなはずじゃなかったのに。生きていくのが苦しくて仕方ない」とつぶやく人もいれば、そんな言葉さえ発する余裕がない人もいるのです。

3 結婚後の夫婦間トラブル

　縁あって結婚しても、夫婦間にはさまざまなトラブルが生じることがあります。主なものとしては、夫婦間のけんか、DV（ドメスティック・バイオレンス）、金銭問題（借金、事業の失敗、リストラなど）、異性問題（浮気など）、嫁姑に関連する問題などがあります。特にDVは、女性や子どもの生活を一変させます。結婚前までは優しかったのに、結婚後や妊娠後に急に暴力的・支配的になる男性がいます。すぐに離婚が頭をよぎるけれども、そのたびに謝られて許してしまう。この繰り返しで状況が深刻化していくなか、DVの渦中にいる女性は自分のことを尊重できなくなっていきます。

　現代では、一般的には、女性も男性に対して自分の意見を率直に伝えるようになってきており、夫婦間の力関係は同等か、女性のほうが強くなったと考えられることもあります。しかし、家制度の名残を背景として、依然として家庭の中に男性優位の考え方があり、家族・親族関係においても女性は固定した妻役割、嫁役割を期待されることがあります。お互いに対等で幸せな家庭を築き、トラブルは夫婦で一緒に乗り越えていこうと思っていたのに、いつからかとても生きづらい状況になってしまい、思い悩むことが出てきます。

　そのようなときは、夫婦の問題、家族の問題だからと思って一人で悩まずに、誰かに話を聞いてもらうことが大事です。相談できそうと思える相手は、人それぞれです。実家の親族に相談する人もいれば、昔からの友人やママ友のこともあります。近しい人に相談できない、あるいは誰に相談していいかわからないときは、さまざまな相談窓口もあります。相談を受ける側は、何らかの事情があって、やっとここに相談に来たのだということを理解して向き合うことが大切です。

🍃 シングルマザー

「平成 28 年度ひとり親家庭等調査」によると、母子世帯になった理由は 8 割が離婚です。そして、8 割以上の母親が就労していますが、平均年間就労収入は約 200 万円、離婚した父親から養育費を受けている母親は 24.3 ％です。この 2 つは平成 23 年度の前回調査と比べると増加しているものの、子育て中の世帯としては厳しい経済状況であることを示しています。父子世帯も厳しい状況にはありますが、母子世帯と比べると親族との同居率も正社員率も高く、平均年間就労収入も 200 万円近く高いです。女性にとって離婚することは、母子で厳しい経済状況に置かれることとつながっているともいえます。

母子家庭の状況や抱える課題もさまざまです。母親の成育歴や親族との関係性が恵まれていなかったり、学歴が低い人が多かったり、必要な情報を収集する力や相談する力が弱かったり、疲れ切って心身の状態が落ちていてうまくサポートを受けられなかったりする人もいます。

このような女性が相談に訪れてくるとき、驚くような実情を淡々とした表情で語ったりします。それがどのような話であっても、まずは疑わずに、自分の思いを入れずに、そのまま受け入れて聴くことが大切です。

4 いろいろな課題も出てくるとき

この時期、自分の生活を考えることよりも、病気や障害を抱えた親や祖父母の介護に集中せざるを得ない人もいます。また、育児不安を抱えている人や望まない妊娠をして苦しんでいる人、不妊治療に取り組んでいる人、慢性的な病気の治療を継続している人、障害のため仕事がうまくいかず転職を繰り返している人、ニートやひきこもりとなって悶々としている人、セクシャル・マイノリティとして生きづらさを抱えている人など、さまざまな課題を持つ女性たちがいます。

🍃 心の健康

イライラする、気持ちが落ち込む、眠れない、食欲がわかない、不安や緊張がある……。このような状態は誰にでもあることかもしれません。仕事や毎日の生活のなかで起こる数々の出来事から、心身の状態に影響が出るのは普通のことです。

しかし、このような状態が何週間も続くとすれば、精神科医療機関での対応が必要な状態かもしれません。すでに頑張ってきている人が多いので、必要以上に頑張らないように、よいタイミングで精神科医療につなげることも支援者の重要な役割です。

5 自分を大事にしながら、悩んで生きる

どのような選択をしても、どのような状況にいても、たくさん悩んで迷って考えて生きていくしかありません。生き方に正解はありません。「○○しなくてはならない」という考えに囚われずに、まず自分を大事にすること、周りのサポートも得ながらしなやかに生きていくこと。この時期に悩みを持つ女性には、そのようなメッセージが伝わるとよいでしょう。

その際、支援者自身の経験からだけで判断したり助言したりしないことが必要です。同じような経験をしたということで、わかったつもりにならないことです。相談者ができなかったことを支援者がやり遂げてきたから、あるいは支援者という立場から、指導したり見下したりしないことです。

その人の話をよく聴いて、何かを伝える前によく考えることです。相談者を人として尊重する心、成長や変化を信じる心が最も大切です。相談者が悩み、迷い、時に立ち止まってしまう、そのときにしっかり寄り添っている。そんな支援が必要とされています。

5 子育て期（20〜40代） ──子どもとともに育つ

　妊娠、出産は、女性にとってターニングポイントとなることが多い時期です。妊娠は女性にしかできないことであり、自分のおなかの中で日々成長する子どもとともに過ごし、そこから始まる子育ては、子どもとともに育つ体験、わくわくする新しい体験であり、自分自身も成長していきます。

1 女性の一つのターニングポイント

　女性はこの時期、それまで経験してこなかったさまざまなことやそれに伴う感情が表れ、人生に豊かさが増します。同時に、いろいろな不安や心配事が生じる時期でもあります。核家族化や地域とのかかわりの希薄化が進むなか、子育てが生活の大半を占め、自分を見失ってしまうこともあるかもしれません。しかし、それは新たなつながりのきっかけともなります。これまでの家族関係に変化をもたらしたり、地域の人々との出会いがあったり……。子どもを育て、子どもに育てられ、そのなかでまた新しい自分と出会える、子育て期はそんな時期であるといえます。

妊娠期の女性

　妊娠期は、母となる喜びや不安を抱えながらも、おなかの子とともに準備をしていく時期です。なるべく早い段階から定期検診を受けつつ、体調・メンタル管理をしていくことが重要です。

　相談に来られる人の妊娠期の過ごし方はさまざまです。もともとの身体の不調もあって妊娠に気づかず受診が遅くなってしまった人、経済的な事情から検診を受けられなかった人、出産すること自体に悩み受診を

受けられずにいた人、なかには定期的な妊婦健診を受けずに陣痛が始まってから救急車で病院へ運ばれて出産する、いわゆる「飛び込み出産」の人もいます。多忙な日々から、自分の身体に目を向けることができなくなっていたのかもしれません。

　このような妊婦さんは、いろいろな課題や不安を抱え、悩みながら日々を過ごしているかもしれません。妊娠期から出産直後に見られる「マタニティブルー」は、妊娠によるホルモンバランスの崩れやつわり等の体調の悪化、夫婦関係、出産・育児への不安などが要因といわれています。子育ての第一歩は、自分を大切にすることです。自分の心と身体の声を聴き、一人で抱え込むことのないよう、無理のない妊娠期を支援者はサポートしたいものです。

🌱 出産後、子どもに障害があったとき

　生まれてきた赤ちゃんに障害があると知ったとき、母親には起きてしまったことの原因や疑問、不安、怒りなどのいろいろな気持ちが生じるでしょう。そのような気持ちを表出してよいのか、マイナスの感情を持つこと自体がいけないことなのではないかなど、自分で気持ちを押し込めてしまい体調不良に陥る人もいるかもしれません。

　マイナスの感情を表出しても、否定されない安心な人と場所が必要です。出来事の受けとめ方は人それぞれなので、何が当事者（母親）の気持ちを癒していくことになるのかはわかりません。まずは夫婦、家族間で赤ちゃんの状況に向き合う十分な時間が必要です。いったん周りとの接触を絶っても、家にひきこもってもよいので、しっかりと出来事を受けとめる時間を作りたいものです。

　母親の受容の過程のなかでは、気持ちのぶり返しもあります。支援者はいつの段階にも寄り添っていきます。

45

🍃 死産

もし、赤ちゃんを亡くした人がいたら、あなたはどうするでしょう。その人を励まし、慰めたいと思い、「残念だったね」「早く元気になって」「次があるよ」「若いから大丈夫」等々、何気なく言葉をかけるかもしれません。

でも、赤ちゃんを亡くした当事者（母親はもちろんのこと、父親や周りの家族も含めて）は、突然のことに大きな衝撃を受け、心も身体もその衝撃の影響にさらされています。深い悲しみやさまざまな感情の波、身体の不調が当事者を苦しめているかもしれません。その程度は一人ひとり違います。妊娠の週数が短いとか長いということで決まるものでもありません。励ましの言葉が当事者をかえってつらくさせることもあります。

当事者が深い悲しみ、つらさから回復していくには、時間が必要です。たくさんたくさん泣いて、悲しむための時間、心の整理のための時間、少しずつ動き出すための力をため込むための時間が必要です。

そのことを理解して、言葉を選んでかける、またはかけない、言葉はほとんどかけないけれど（本人の希望を確認して）必要なことのサポートをする、などが必要です。思いではなく、当事者の状況や状態を想像したり確認したりしながら、その人がどのように行動するのがよいか考えてみましょう。きっと、当事者の力になるはずです。

2 子育てにはサポートを

核家族化、地域関係の希薄化、女性の出産後の職場復帰も進むなか、子育てにはさまざまなサポーターが必要です。地域では、特定妊婦（若年妊娠、未婚、経済的困窮、妊娠葛藤、望まぬ妊娠、精神合併症等）や育児不安のある人については、妊娠届け出時にサポートの有無を確認し、

さまざまなサービスの紹介が行われています。単身赴任や何らかの事情で父親が不在、または育児への協力がなく、母親一人が育児や家事、仕事を一人でこなすワンオペ育児も増加傾向にあるといわれています。子育ての負担感による疲弊は、年々増加する児童虐待の要因の一つともなっており、育児サポート体制を整えることは必須です。

　第一のサポーターとしては、祖父母があげられます。現在、祖父母は子育ての強力サポーターとなっています。出産時、祖父母との関係性、育児の協力の有無を聞き、子育て体制を確認する産院も多くあります。また、祖父母側も「孫育て」という言葉が登場するように、育児への参加の意識が高くなっています。

　祖父母の育児サポートについては、母親に初めての子育てで不安が多いなか、祖父母の存在が安心につながった、子どもの急な発熱でも面倒をみてくれたことで仕事を休まなくて済んだ等、プラスの意見が聞かれます。その反面では、古い子育ての方法を押しつけられた、子どもを甘やかすぎる等、マイナスの意見もあります。お互いの上手なかかわりが求められるところです。

　子育てのサポートでは、まず母親の気持ちが大事です。母の気持ちが安定していないなかでの子育ては、よりつらい状況を生み出し、子どもにも影響するかもしれません。夫婦だけでの子育ては大変です。でも、祖父母に頼るのもちょっとという気持ちもあるかもしれません。それであれば、地域のサービスを利用してみるのはどうでしょう。ママ友に力を貸してもらうのはどうでしょう。周りに上手に頼ることも、子育ての大事なポイントになります。

育てにくい……?

　「子育てが楽しくない」「子どもがかわいいと思えない」、そんな相談

を受けることがあります。子育てに困難を感じている状況をゆっくり聴いていくことが大事です。子育ての困難要因としては、親自身に課題がある場合、サポーター不足、経済的困窮等の社会的環境要因などがあり、また子ども自身の要因が潜んでる場合もあります。

母親の「育てにくいな」「気になるな」の感覚が発達障害の早期発見につながることもあります。適切な支援機関につながることで、母にとっても子どもにとっても、よりよい成長発達が望めるでしょう。

3 仕事と子育ての両立

人生における仕事の位置づけは、人によってさまざまです。日々の生活のため、生活のゆとりのため、やりがい、生きがい……。子どもが小さいうちは子育てに専念するという考え方の人もいます。どんな価値観によって生活の仕方や仕事を選択するかは自由です。そして、どのような理由で仕事をすることになったとしても、仕事と子育てを両立することはとても大変なことです。

仕事と子育ての両立に困難を抱えている人は、オーバーワークになっている可能性があります。そして、目まぐるしい日々のなかでそれに気がつくことさえできない状態になっているかもしれません。「スーパーウーマン症候群」になる人は、完璧主義、頼るのが苦手、こだわりが強い、まじめな性格等の特徴があります。どの要素もマイナス面ばかりでない、プラスの面も兼ね合わせた特徴です。その人らしい両立のための支援をしていきたいものです。

また、子どもとともに過ごす時間が大事なのと同じぐらい、自分の時間を持つことも大事なときがあります。その相乗効果も大きいです。子育てが地域のなかで地域とともにできるとよいでしょう。

4 思春期への対応

　子どもが思春期を迎えると、今までになかったような心配が出てくることがあります。反抗期となり、子どもとのコミュニケーションに不安と戸惑いを感じることもあるでしょう。これらは特別なことではありません。しかし、子どもの変化が子どもの SOS として発信されている可能性もあります。

　子どもから大人へ一段成長を遂げるとき、親子の距離も変化してきます。べったりと肌が触れ合うような保護が必要だった時期から、少し距離を置いて見守ることが必要になる時期へと移り変わります。子どもによって違いはあり、その変化が明らかな子どももいます。毎日不機嫌で、何かに不満を持っているようで、親をそばに寄せつけないような態度になることもあります。さて、そんな揺れ動く時期の子どもに対して、もう親が語りかけることはなくなったのでしょうか。

　親のほうから距離を縮め過ぎて邪険にされたり、怒らせたり、親としては腹が立つことも多くあるでしょう。しかし、不機嫌そうな子どもたちも、時としてこれからの生き方について悩み、迷っているときがあります。人生の先輩に対して、親の生き方を知りたい、岐路に立ったときにどうやって決めてきたのか知りたいと思っているときもあります。

　ふと、子どもが話したそうにしているときは、「自分勝手な」と思わずに、子どもの声に耳を傾けてみましょう。忙しそうにしていると子どもは声をかけにくいものです。手を止め、ゆっくり子どもの前に座ってみたら、案外子どもはおしゃべりになるかもしれません。

　時代も変わり、親の話は古いかもしれません。でも、同じ年代に考えていた共通項が見つかるはずです。押しつけるのではなく、「お母さんは……」と親を主語にして語ってください。子どもとの関係は、肌触れ合う時代を通り過ぎていますが、親と語り合う時間は温かい大切な時間

です。またすぐに不機嫌な日常に戻るかもしれませんが、子どもの心には親からもらった大切な時間として刻まれると思います。

いずれにせよ、母が一人で抱え込むことのないよう、支援ができたらいいですね。

いじめや不登校に遭遇したら

子どもが抱える不幸な課題ほど、親にとってつらいことはありません。気がついてあげられなかった罪悪感、救ってあげられない無力感、どうにかしなければと思う焦燥感。想像でも耐え難く感じます。

いじめや不登校の課題解決には、学校との連携が不可欠であり、専門性の高い介入ができる機関での相談支援が必要です。しかし、このような状況のときは、何か行動を起こす力が大変弱くなっていることが考えられます。相談機関を紹介しても、そこにつながることがまた大きなハードルになることもあります。つらい状況を繰り返し伝えることによる二次被害を与えてしまうことにも注意が必要です。時にはともに行動し、支援をつなぐことも大切です。

精神科への受診が必要なときも

子育て中に起こるさまざまな課題により、心が大きく揺さぶられる状況が起こると、普段はどんなに精神的に健康な人でも、眠れない、涙が出てくる、起きられないなど、抑うつ的な状態になることがあります。「こんなことが起こったんだから当然だ」「病気ではないから」と医療機関への受診を勧めるのをためらうことはないでしょうか。

精神科への受診は特別なことでありません。適切な医療機関へつなげることも、支援者の大事な役割です。

6 熟年期（50〜60代）
——再び輝く自分を生きる

恋愛、結婚、妊娠、出産、育児など人生の大きなイベントを経験した成熟期（概ね 20 〜 45 歳）を過ぎると、女性はさまざまな面で新たな変化を体験することになります。

身体的には、体力の衰えや老化の自覚、家庭においては子どもの親離れや自立、夫婦関係の見直し、老親の介護、晩婚化が進む近年はこの時期に育児をしている女性もいます。また、仕事のキャリアを重ね、管理職になる女性も増えてきました。

この年代は、さまざまな変化から、身体的にも精神的にもバランスを崩しやすい時期です。一方では、今まで担ってきた役割が変わり、新たな自分を見つけていく時期でもあります。

1 老後に向けたこれからの人生

現在、日本人の平均寿命は 87 歳（2018 年）であり、この年代は人生の折り返し地点を過ぎたあたりです。子育てが終わった、親の介護が始まった、管理職として責任ある立場になったなど、いろいろなことが節目を迎える時期でもあります。

今までとは違う生活のリズムとなり、戸惑いがある時期かもしれません。一方では、もう一度自分に目を向け、生活を変化できるタイミングにもなります。次に向かうのは、老後です。今まで忙しくてできなかったやりたいことをする、趣味やボランティアに力を入れる、運動を始める、自分の親との時間を持つなど、どのような老後を送りたいかを考え、新たなスタートを切れる時期でもあります。

2 身体の不調

閉経前後の10年間（概ね45〜55歳）を更年期といいます。この時期に、閉経に伴い急激に下がった女性ホルモンに対応できないことで起こる身体の不調を更年期障害と呼びます。症状としては、不眠、めまい、耳鳴り、うつ、不安、関節痛、のぼせ、無気力、高脂血症、頭痛などさまざまです。女性の組織や細胞の機能を維持する役割の女性ホルモン、特に卵胞ホルモン（エストロゲン）の欠乏が原因です。

その他にも、その人の人格（パーソナリティ）や心理、社会的背景（家庭の問題、子どもの巣立ちなど）が要因となります。症状の程度によっては、日常生活に支障を来たすこともあります。

3 家族の再形成

子どもの自立や夫の不在といった環境的要因と、更年期のホルモン変動などの内的要因が影響しあい、子育てに専念していた女性が空虚感、不安感、葛藤状態、うつ状態などを示すことを「空の巣症候群」といいます。ひな鳥が巣立った後の空っぽの巣にたとえて、この呼称がつきました。

空の巣症候群は、子どもの大学進学や就職、結婚などが契機となり、自分が家族に必要とされていないという「役割喪失」を経験することから始まります。逃避行動として、台所にこもってキッチンドランカーになり、アルコール依存症に発展することがあります。空の巣症候群に陥らないためには、もう何もすることがなくなったと消極的にならずに、新たな活動の場を見つけ出すことが重要になります。

4 仕事と家庭の両立

40〜50代まで働き続ける女性のなかには、キャリアウーマンと呼ばれ、その経験や知識から職場で中心的な役割を果たしている人、管理職

として部下をまとめる立場にある人も増えてきました。

この時期は、閉経に向けてホルモンバランスが乱れ、更年期症状から疲れやすさやめまい、不安や不眠、職場の人間関係でイライラする等の体調の変化が起こりやすくなります。仕事では、管理職として男性管理職や部下との関係でストレスを感じたり、パワハラ、セクハラ、マタハラといった職場のハラスメントの問題に対処したり、場合によっては加害者の側にも陥りやすかったりなど、この年代特有の課題も生じてきます。

家庭では、子どもや夫との関係に変化が表れ、親の介護の問題も生じてくる時期です。結婚・出産をしなかった女性は、周りから「結婚は？出産は？」と言われることも少なくなり、今後の人生を考え始めたりする時期です。総じて心の不調を来しやすい時期といえます。

この年代では、自分の健康と仕事、家庭といったワークライフバランスが重要になります。更年期症状を始め、精神的にも負担が大きい、つらい場合は、我慢せずに受診するよう促すこと、離職をすぐに考えずに相談窓口を紹介することが必要です。

5 親の介護の課題

親が年をとり、高齢になるほどがんや認知症など病気の罹患率は高くなります。そろそろ介護の課題が出てくる頃です。親だけが遠く離れた実家で暮らしていることも多いでしょう。一緒に暮らそうと呼び寄せるのか、介護が必要になったときは遠距離介護を覚悟するのかなどを考える必要が出てきます。

介護の課題は、親にはいつまでも元気でいてほしいと先送りしたくなるものですが、早晩目の前の課題となってきます。「親が元気なうちに、そうなることを考えるなんて縁起でもない」「親の財産を狙っているみたい」など複雑な気持ちにもなるものですが、元気なうちに親の意向、

兄弟の意向などを確認しておくことが大切です。

　実際に、親に介護が必要となったときは、自分以外の家族の生活も大きく影響を受けます。身体的、精神的、経済的な負担がどのように現れるかは家庭によって違いますが、いずれの状況でも、大抵は女性（義父母なら嫁、実父母なら娘の立場）に多くの負担がかかります。「妻だから、嫁だから、娘だから」と女性であることを理由に、当たり前の役割と言われることも少なくありません。

　離れて暮らしている親を呼び寄せるとなっても、住み慣れた場所から環境が変わることは高齢の親には大きなストレスをかけることになり、認知症を誘発することもあります。兄弟がいる場合は、誰が介護の中心を担うか、役割分担が必要になります。直接介護にかかわれなくても連絡を入れる、顔を出すなど離れていてもできることはあり、それらを整理することが必要です。

　また、親の介護をしながら、孫（自分の息子や娘の子）の面倒をみるなど、介護と育児の両方の役割を求められることもあります。子育て中の夫婦にとっては、自分たちの親は強い味方であり、祖父母にとってもかわいい孫と接することは嬉しい、楽しいことです。祖父母の立場から育児に参加する場合、子育てに対する今昔の違いから、自身の子どもたちと意見の違いが生まれ、疲れてしまうこともあります。穏やかに孫の成長を見守れるよう、それぞれの立場に配慮してかかわることが大切です。

　自分の子どもたちの育児（孫の世話）も含め、親の介護は自分で抱え込むのではなく、介護保険や育児サービスなど公的なサービスや民間サービスを活用しながら、よりよい方法を見つけていくことが必要です。

7 老年期（70代〜）
── 支え合い生きる

　老年期は、仕事や子育てなどに区切りがつき、自分と向き合う機会が増える年代です。この年代に至る道のりは人それぞれであり、個性に富んだ多様な暮らしが営まれています。これまで自分が生きてきた道のりを振り返り、この先どのように過ごすのか、じっくり見つめ直すことのできる時期です。孫育てに奮闘する人や家族との時間を大切にしたいと考える人がいる一方、離婚を選択して新たな生活を始める人もいます。今までできなかったことに取り組み始める人、新しい仲間をつくり活動する人もいます。これまでの経験を活かしてたくさんの選択ができる、いちばん自由な時期なのかもしれません。

　また、この年代は、生活や体調の変化に対応していく時期でもあります。人生の最期をどのように迎えるかを考えることも増え、誰にも訪れる「人生の締めくくり」を迎えます。

1 老年期にかかりやすい病気

　年を重ねると、誰しも身体機能が低下していきます。骨折やけがをきっかけに臥床がちになることも少なくありません。また、高血圧や糖尿病、脳卒中や悪性腫瘍など、さまざまな生活習慣病を患うことが増えてきます。これらの病気は長くつき合っていくことが必要になります。最終的に死をもたらすこともあります。

　また、認知症は近年の高齢化に伴い患者数が急増している病気です。厚生労働省の研究事業によると、2025年には65歳以上の高齢者5人に1人が認知症になると推計されています。

　身体的・精神的不調を自覚し、思うように行動できない状態が続くと、

挫折感や絶望感に悩まされることもあるかもしれません。不調が続いた結果、うつ病などの病気を併発することもあります。

Column

認知症の人の気持ちを考える

「わたし、認知症かもしれない……」、自分でそう感じるようになったとき、多くの人は心細さを感じています。専業主婦の女性の暮らしを想定すると、通帳や印鑑など大切なものが見つからない、料理に以前より時間がかかる、同じ話ばかりしていると家族から指摘されるなど、これまで当たり前のようにできていたことが、少しずつできなくなることが考えられます。

自分の変化に気づきながらも、見て見ぬふりをしたい自分もいます。不安を感じているときに、周りから物忘れを指摘されると、自分自身を全否定されたように感じ、つい腹立たしく思ったり、厳しい言葉を返したりすることもあるようです。

認知症の人の介護で悩むご家族の相談に応じる際には、家族は何に困っているのかを丁寧に聴くのと同時に、本人はどう感じているのかという視点を持ち続けることが大切です。

さまざまな喪失体験

　老年期には、上記のような病気による不自由さに加え、知人や家族との死別を体験します。女性の平均寿命は男性よりも長く、夫に先立たれることも少なくないでしょう。また、退職により経済基盤が揺らいで不安を感じたり、「社会貢献している」という自信を失うこともあります。

　老年期は、円熟味を帯びる時期であると同時に、喪失体験が続く時期でもあるのです。

介護する立場と受ける立場

　医療技術の発達や平均寿命の延伸、認知症高齢者の増加等により、要

介護者は年々増加しています。主に女性が介護していることが多く、夫の介護のほか、親や義理の親など複数の介護を同時に担うこともあります。しかし、夫や義理の親に実親の介護への理解や協力を得られずに悩むケースも聞かれます。老々介護や認認介護も増えています。

また、老年期は、介護する立場だけではなく、介護を受ける立場にもなりえます。本人、家族ともに、医療や介護のスタッフを味方につけて、相談相手を多く得ておくことは、長い療養生活のなかで大きな安心につながります。

支援する側としては、相談上手、頼り上手な人なのかどうか、どんな考え方で介護と向き合ってきた人なのかを知ることが信頼関係を築くために大切です。しかし、「介護は人に頼りたくない」という考えの人や、過去に思うような介護が受けられなかったという体験から、サービスの利用に抵抗感が強い人もいます。支援者の思っている理想が、相談者の理想と同じとは限らないことを念頭におき、最適に支援できるよう心がけましょう。

2 生活費の課題、金銭管理の課題

多くの人が仕事を退職し、年金生活に入ります。独身、夫婦共働き、夫をすでに亡くしている人など、年金収入額もさまざまです。就労収入がなくなり、年金収入のみでの生活になることで、生活を切り詰めていかなければならない人もいます。これまで経済的に自立してきた人でも、何らかの事情で生活保護の申請を検討することもあるでしょう。

また、自身の資産を今後どう管理するかという課題も生じます。資産を適切に相続できるよう、生前贈与や任意後見制度の利用を考えることもあります。自身で適切に金銭管理ができなくなった場合には、日常生活自立支援事業や成年後見制度を活用する人もいます。

第2章 女性のライフサイクルの特徴と現代的課題

しかし、状況によって制度利用の目的は異なります。それぞれの制度のメリットとデメリットをふまえ、どの制度を利用するのが適切なのかを熟慮する必要があります。

3 住まいの課題

「年を重ねても、住み慣れた自宅で元気に生活を続けたい」という思いは、多くの人の希望です。国は、「住み慣れた地域でその人らしく生活できる仕組みづくり」を進めるべく、地域包括ケアシステムの構築を推進しています。しかし、心身の状態や経済的な事情から自宅での生活が難しくなる場合もあります。

心身の状態が課題となる場合には、介護保険施設や介護付き有料老人ホームの利用を検討します。経済面の課題がある場合には、安価な住宅への転居を検討することになります。ただし、高齢者、特に単身高齢者の転居は、入居可能な物件が限られたり、保証人を頼める人がいないなどの理由で、契約が難航することが考えられます。そうした場合には、公営住宅や軽費老人ホームの利用を検討することになります。

4 人生の最期をどう迎えるか

日本の年間死亡者数は増加傾向にあり、厚生労働省の統計によると、2015年には年間130万人に達し、2040年には160万人を超えると推計されています。また、多くの人が自宅以外の場所で最期を迎えています。

2014年、「人生の最終段階における医療の決定プロセスに関するガイドライン」が策定されました。治療方針を医師に一任するという考え方から、患者が自身の病気や治療方針について情報を集め、知識を深め、関係者と話し合い自ら選択していくという考え方に変わりつつあります。施設や自宅などでの看取りの体制も整備されつつあり、最期を迎え

る場所も多様化しています。

　私たちは皆、いつ病気にかかるのか知ることはできません。いつ入院が必要になるか、いつ人生の最期を迎えることになるか、予測することはあっても正確にはわかりません。そういった「危機」に直面したときに、どうしたいかをあらかじめ考えておくことは、希望に沿った療養生活を送るためにも効果的です。また、患者が自分で意思を表明できなくなったときには、家族が代理で意思決定することになります。事前に意向を家族に伝えておくことも大切です。本人の希望を事前に知っておくことで、家族は本人の意思に沿った決定が可能になります。

Column

エンディングノートの活用

人生の締めくくりをその人らしく迎えられるように、「エンディングノート」を活用することができます。エンディングノートは、その人のこれまでの歴史や資産のこと、病気になったときの治療方針、葬儀や埋葬、相続についての希望などを書き記し、事前に意思表明していくためのノートです。多くは書店で販売されていますが、最近では寺院などで作成しているところも見受けられます。

家の中の大切なものはすべて女性が管理していたという家庭も多く、妻や母親が入院あるいは亡くなった後に、貯金の状況や生命保険の加入状況、家族の重要書類の置き場所もわからないといったケースもあります。そういったことを予防するためにも、エンディングノートは有効です。また、自身の人生を振り返り、残りの人生をどう過ごしていくかを考えるきっかけになることもあります。

第 **3** 章

女性が受けやすい
暴力・支配関係

1 女性たちを取り巻く環境

1 女性の生き方の多様性

　現代を生きる女性の生き方は多様化しています。人生の節目である結婚や出産に対する考え方も大きく変化してきました。結婚して家庭に入り、子育てに専念するという生き方がある一方で、結婚はせずに好きな仕事で自己実現していく、仕事を持ちながら結婚し子どもを育てる、あるいは子どもは持たずに生きるなど、さまざまな生き方が存在します。

　そして、どの生き方を選択した場合も、これでよかったのかと葛藤が生じ、岐路に立たされて悩むことがあります。家庭に入り子育てに専念した場合は、子どもが成長し巣立っていくと空虚感に襲われ、「私の生き方はこれでよかったのか」と悩んだりします。仕事に生きがいを見出して結婚や出産を選択しなかった場合は、一人で過ごす老後を考えて急に寂しさを感じるかもしれません。仕事も結婚も子どもも選び取った場合は、どれも中途半端に感じたり、すべてを完璧にこなそうとしてオーバーワークから疲れ果ててしまったりするかもしれません。

　自分らしく生きる選択肢が増えたぶん、女性は悩み多き時代を生きているといえるでしょう。

2 社会のなかの性差

　人は関係性のなかで生きており、成長の過程で恋人や伴侶と関係性を築いていきます。その親密な関係には、家族制度的文化や社会における性差別の構造が影響し、時に暴力につながります。

　日本における親密な関係における暴力被害への取り組みは、2001年の「配偶者からの暴力の防止及び被害者の保護等に関する法律」（DV

防止法）の制定後、特に重視されてきました。配偶者間の暴力であるドメスティック・バイオレンス（DV）が起こる背景には、「夫が妻に暴力を振るうのは、ある程度は仕方がない」といったこれまでの社会通念や、妻に収入がない場合が多いという男女の経済格差など、個人の問題として片づけられない社会構造的な課題も関係しています。

　健全な人間関係は、相手の存在を認め尊重します。しかし、暴力が存在する関係性には、一方が相手を支配する主従関係が成立します。これを「パワーとコントロール（力と支配）」の関係と呼びます。加害者の心理状態として、支配関係を構築するための道具（手段）として暴力が用いられます。

3 暴力被害女性を支援するということ

　家庭や恋人間の親密な関係に「暴力」という「加害―被害」の概念を持ち込んだことで、これまで見えなかった被害が言語化され、可視化されました。人として対等であること、「嫌なことに NO と言える」ことは大切ですが、簡単なことではありません。「NO」と言えずに自分を殺し、相手の行動や言動に振り回され生きることを強要されることは、男女の親密な関係において起こっています。

　女性相談者は、相談に行っても、経済的な事情や子どもに父親のいない生活を送らせたくないなどの理由で暴力のある関係に留まることも少なくありません。また、DV 当事者は、自分がどう思われているか、自分の中にある他者や社会の目によっても苦しめられています。たとえ、困り事の不安に苛まれて相談したいと思っても、頭の中にある混乱を整理して相手に伝えるのが難しい状態に陥っています。支援者は、混乱の中にいるその人に寄り添い、揺れ動く気持ちを受けとめながら理解していくことで、その人らしい人生を支援していく姿勢が大切です。

2 ドメスティック・バイオレンス (DV)

　配偶者から、「身体的暴行」「心理的攻撃」「経済的圧迫」「性的強要」のいずれかを受けたことが「あった」と答えた人は26.2％と、女性の4人に1人に被害の経験があります。「何回もあった」と答えた人は9.7％で、およそ10人に1人の割合です（「内閣府男女共同参画局平成29年度調査」「男女間における暴力に関する調査」）。

　加害者となる人に社会的地位や仕事の内容、性格など傾向として明確に括れるものはありません。DVは男女間の特別な問題ではなく、誰にとっても起こり得て、とりわけ女性が被害に晒されるジェンダーに起因した女性の人権にかかわる重大な問題です。婚姻前のカップルや同性愛カップル、長く結婚生活を送る高齢夫婦の間でも起こります。近年では、在日外国人の数が増え、外国人の被害も増加しています。

1 ドメスティック・バイオレンスとは

　配偶者や恋人など「親密なパートナー間における暴力」がドメスティック・バイオレンス（domestic violence）です。DVと略されます。国（内閣府）は、「DV」は使わずに「配偶者からの暴力」という言葉を使っています。DV防止法におけるDVの定義は、「配偶者（内縁関係も含む）、元配偶者からの身体に対する暴力、又はこれに準ずる心身に有害な影響を及ぼす言動」と規定されています。親密な関係には、夫婦だけでなく内縁関係や同棲中のカップルも含まれます。この法律において、被害者は女性に限定していません。しかし多くの場合、被害者は女性であり、DVは男女の性差であるジェンダー上の特殊な暴力と認識されています。

身体的な暴力

- ・平手で打つ　・足で蹴る　・拳骨や物で殴る
- ・刃物などの凶器を身体に突きつける　・髪をひっぱる
- ・首を絞める　・腕をねじる　・火傷を負わせる

性的な暴力

- ・性的行為を強要する　・中絶を強要する
- ・避妊に協力しない　・見たくないのにポルノビデオを見せる

経済的な暴力

- ・生活費を渡さない　・家計を過剰に厳しく管理する
- ・仕事に就く、続けるのを妨げる　・お金をくださいと頼ませる

精神的な暴力

- ・大声で怒鳴る　・殴る素振りや物を投げつける振りをして脅かす
- ・人の前でバカにしたり命令したりする
- ・実家や友人と付き合うのを制限する　・持ち物を壊す
- ・電話や手紙を細かくチェックする　・暴力を軽いものとみなす
- ・無視して口をきかない　・子どもに危害を加えると脅す

2 暴力が与える影響

心身への影響

身体的影響

　暴力を受け続けることによる影響は、身体的暴行や性的強要による傷やけがなど直接の外傷的被害だけではありません。頭痛や背部痛などの慢性疼痛、食欲不振、体重減少、機能性消化器疾患、高血圧、免疫機能の低下といった症状として現れることがあります。

　これらは、重篤になると後遺症として長期間続くことがあります。妊娠中にDV被害を受けると、母体の被害だけでなく、早産や胎児仮死、

第3章 女性が受けやすい暴力・支配関係

出産時の低体重などのリスクが高まります。特に、10代の妊産婦には、相対的に高い頻度でDVが存在するとの報告もあり、DVが遷延しているおそれへの視点は、被害に早く気づき、女性を守る一歩になります。

精神的影響

夫が帰宅する車の音や廊下を歩くスリッパの音にびくびくする、緊張して心臓がばくばくし冷や汗が出る、いらいらする、夜眠れなくなる、集中力がなくなる、仕事の能率が下がる、それまでの興味や関心を失う、これらがDVによる精神的影響です。

物忘れが多くなったり、物覚えが悪くなったりすることもあり、認知症になったのではないかと心配する人もいます。人格を貶めるような言動を日常的に繰り返し受け続けると、「自分が悪いから、暴力を受けるのだ」と考えるようになっていくこともあります。自尊心の低下は、時に自殺願望につながることもあります。

精神健康被害

DVによる精神健康被害で多い疾患や障害に、PTSD（心的外傷後ストレス障害）とうつ病があげられます。そのほかにも、不安障害や摂食障害、アルコール依存症など、DVによって引き起こされる病気は多様です。

加害者の容姿に近い人を目にしたり、被害に遭った状況や体験を連想させるものに出合うと過敏に反応したりすることもあります。そうした状況を回避しようとして行動範囲が狭まり、生活への影響も出てきます。「自分には価値がない」「どうせ報われない」と否定的になり、自己肯定感にもマイナスの作用を起こします。

DVは、被害を受けた期間が長いほどダメージは深く浸透し、症状は重くなるといわれています。被害を受けた人は、孤立せずに早めに相談

することが必要です。しかし、精神科に受診することに抵抗感を持つ人も少なくありません。

　たとえ暴力から逃れたとしても、トラウマやPTSDは心身に痕跡を残していきます。抑うつや不眠などで日常生活の困難が続いている場合、「死にたい」などの言葉が聞かれる場合は、早期の受診が必要です。薬物療法やカウンセリング、トラウマ治療で回復していくことが可能になります。

トラウマ

　トラウマとは、災害や事件などの予測不能な出来事に死の危険を感じるような恐怖を体験、あるいは目撃・直面し、強い恐怖や絶望感、どうすることもできない無力感などを経験した後、心身への影響を後々まで与えることをいいます。

　災害だけでなく、暴力的な犯罪被害やDV、性被害もトラウマをもたらす体験となります。このような体験の直後は、耐え難い苦痛や悲しみに晒され、日常生活にも支障が生じます。

　トラウマ体験直後のこの状態をASD（Acute Stress Disorder：急性ストレス障害）といいます。それが1か月以上持続し、心や情動、生物学的に痕跡を残し、社会生活上に障害を起こすとき、PTSDと診断されることがあります。

PTSD（心的外傷後ストレス障害）

　PTSDの主な症状は、再体験（想起）、回避、過覚醒の3つです。

　DVのように繰り返し被害を受けるものから生じるトラウマは、災害等によるトラウマとは一部異なる症状をもたらすといわれています。

　通常のPTSD症状とあわせて、解離症状─離人体験、健忘、遁走、

解離性同一性障害（多重人格）、さまざまな身体面の痛みや不調、性的関係を含む対人関係のトラブル、対人恐怖、強迫症状、感情コントロールの不調、慢性の抑うつ感、拒食など食事に関する問題、自殺願望やリストカットなどの自傷行為が起こりやすいといわれています[*]。

　暴力から逃れることの支援と同時に、被害を受けた人の心身の状態を理解し、回復を支援することが必要になります。専門の機関（配偶者暴力相談支援センター、犯罪被害者支援センター）や自治体の相談窓口で、これらのケアに精通した医師、臨床心理士を紹介してもらいましょう。

表1　PTSDの症状

再体験 （想起）	原因となった外傷的な体験が、意図しないのに繰り返し思い出されたり、夢にあらわれたりします。
回避	体験を思い出すような状況や場面を、意識的あるいは無意識的に避け続ける、また感情や感覚が麻痺したようになります。
過覚醒	交感神経系の亢進状態が続いていることで、不眠やいらいらした状態になります。

3　子どもへの影響

暴力の学習

　配偶者間暴力であるDVを子どもに見せることは、心理的外傷を与える児童虐待であるとされています（「児童虐待防止等に関する法律」）。

　たとえ、子どもへの直接的な暴力がなかったとしても、父母間の暴力を目撃したことにより、子どもにはさまざまな心身の症状が現れます。また、DVがある家庭で育つことは、子どもの愛着や人格形成など人としての成長に大きな影響をおよぼすといわれています。

　子どもは、育った家庭での人間関係のパターンから、感情表出の仕方やさまざまな場面への対処を学んでいきます。たとえば、DVのある家

[*] 小西聖子『新版　トラウマの心理学　心の傷と向き合う方法』NHK出版、2012

庭で育った場合、問題解決の手段として暴力を用いることを学習してしまうことがあります。親は、暴力で問題を解決しようとする子どもの変化に戸惑ったり、子育ての難しさを感じたりするかもしれません。DV被害を受けている女性自身が無力感や孤立感により、うつ状態になっている場合、子どもの養育に心を向ける余裕がなくなり、子どもに生じている変化に対応できず、結果的にネグレクトになることもあります。

子どもに現れる症状

父母間の DV は子どもに情緒面・行動面・発達面に影響をおよぼし、次のような症状や行動がみられます。

- ・暴力的になる　・異常なほどの多動　・眠れない、悪夢をみる
- ・抑うつ的　・無感情　・頭痛、腹痛、吐き気
- ・攻撃的な態度や過度の怒りの表出　・神経過敏
- ・できていたことができなくなる（トイレットトレーニングなど）
- ・集中できない　・学校に行きたがらない

家に居場所がなくなった子どもは、外に居場所を求め、家出、徘徊、自傷行為、援助交際などが起こることもあります。また、妊娠中の DV は、胎児の段階から子どもに影響をおよぼすといわれています。

4 DV 被害者への支援

DV 被害者のなかには、暴力を受けた相手への恐怖や世間体、経済的な理由などから、誰にも相談できずに暴力から逃れることができない人が多くいます。また、日常的に「お前が悪いから」などと言われていると、暴力を受けることの原因が自分にあるように感じたり、被害を受けている自覚がないこともあります。

被害者にとって、それまで築き上げた家庭を壊すのは容易なことでは

ありません。DV防止法には、保護命令制度や一時保護など、被害者が暴力から逃れ、自立を支援する対策が用意されています。

　支援者は、DVに関する情報提供を行い、暴力被害によって具合が悪くなるのは当然であると伝え、被害者の揺れ動く心理に沿って自己決定できるよう支援することが大切です。同時に、身体に重大な危害が加えられるおそれがある場合は、積極的に介入することが必要になります。被害者に共感し、エンパワメントの視点で寄り添い、医療、心理、福祉、法律、行政などさまざまな側面からの支援が必要です。

相談先の紹介

　支援にあたっては、相談できる機関の紹介が必要です。具体的には、第4章で解説します。DV防止法に基づき、各都道府県に設置されているのが配偶者暴力相談支援センターです。DV被害者支援の要となる機関で、「これはDVだろうか」「すぐに家を出るなど緊急性はないが、この先どうしたらよいかわからない」「夫と別れた後の生活をどうしようか」などの相談ができます。匿名でも相談できます。市区町村が独自に設置している支援センターもあります。

　DV防止法の保護命令の申し立てを行う場合、裁判所に提出する書類の書き方の指導もここで受けられます。「配偶者からの暴力の被害者に関わる証明書」の交付も行っており、この証明書があると自治体での住民票の閲覧制限等、今後の自立に向けて必要な支援が受けられます。

暴力から避難する

　特に深刻なDV被害を受けているときは、暴力から避難できる場所を確保することが必要です。暴力を振るう男性のもとから逃げ、一時的に避難する手段として「一時保護」があります。家を出る被害者に適当な

行き先がない場合に、一時的に避難することができます。

　婦人相談所や委託を受けた民間のシェルターでは、相談と一時保護業務を請け負っています。まずは、配偶者暴力相談支援センター等での相談が必要です。一時保護は長期に滞在することはできませんが、その後の生活について自立した生活を送るために専門の相談員が就業、住宅の確保、生活保護や児童扶養手当の支給に関して、様々な相談に応じます。

5 外国人DV被害者への支援

　日本で暮らす国際結婚の夫婦は、日本人男性と外国人女性の組み合わせ（婚姻関係）が約7割を占めています。日本で暮らす外国人妻の場合、言葉や生活習慣、経済、在留資格などあらゆる面で日本人の夫に依存せざるを得ない状況が多く、夫との力関係の差が顕著になりがちです。

　外国人妻が被害となるDVには、前述してきた暴力に加え、法的地位を利用した暴力（ビザの更新に協力しない、オーバーステイの状態の放置）や、文化的・社会的偏見に基づく暴力（母文化の蔑視、日本語や日本文化の強要）など、外国人女性に特徴的な暴力があります。DV防止法には、「被害者の国籍、障害の有無等を問わずその人権を尊重する」（DV防止法23条1項）との規定が盛り込まれており、在留資格の有無を問わず、外国人DV被害者も支援の対象となります。

　たとえば、神奈川県の女性センターでは、多言語通訳を確保し、多言語でDV相談や自立サポート相談事業を行っています。

被害者への情報発信

　内閣府男女共同参画局では、DV防止法やDV支援について、「配偶者からの暴力の被害者へ」を英語など8か国語で作成し、ホームページ上で公開しています。

しかし、個別に外国人被害女性の相談を受けるには、一般的な情報提供を母国語で行うだけでなく、相談対応を母国語で行うことが必要になりますが、現状では十分に整備されていません。

在留資格・在留期間に注意

「日本人の配偶者等」としての在留資格を取得している外国人女性が被害を受けている場合、避難している間に在留期間の更新が必要になっても、加害者である日本人配偶者から協力を得るのが難しいことがあります。

入国管理局は、DV被害を要因として在留資格の変更が必要となった際には、関係機関と連携してDV当事者の保護を確実にするとともに、原則としては在留資格の変更申請を許可するとしています。また、離婚調停等への出頭を理由に在留継続を希望する場合は、「短期滞在」の在留資格を認めることも検討されます。

そのため、在留期限が迫っている場合は、離婚調停の申し立てやDV関係の事実を説明する報告書を作成し、添付して在留期間更新の申し立てを行うことができます。

3 デートDV、ストーカー被害

　人は青年期に恋愛と性への関心を深め、特定の相手と親密な関係を結ぶようになります。デートDVとは、恋愛関係で生じる過度な依存、支配の関係であり、暴力です。特に高校生、大学生などの若いカップル間の暴力を指します。デートDVの予防は社会的関心が高まっているテーマです。

1 デートDVとは

　内閣府の調査では、交際相手からの暴力被害に遭った人は、1,833人中「あった」が16.7％となっています（内閣府男女共同参画局：男女間における暴力に関する調査平成29年度調査）。

　結婚前の恋愛関係にある二人の間の暴力、支配関係を「デートDV」といいます。DV防止法では、同居の恋人関係までを対象としており、デートDVは、特に若い恋愛関係における暴力を意味します。夫婦間暴力のDVと同じように、デートDVも相手を支配することを目的とした暴力です。支配とは、相手の主体性（安全、安心、自由、自己決定、自信、成長）を奪うことです。相手に対してパワーをもち、コントロールしようとすることです。デートDVの内容は、以下の行為です。

・行動制限（携帯メールをチェックする、友人との付き合いを止めさせるなど）
・言葉による暴力（ばかにしたり、欠点をあげつらったりする）
・殴る等の身体的な暴力
・セックスの強要等の性的な暴力（避妊をしないなど）

「どこに行っていたの？」「何していたの？」などの何気ない会話も、

状況や文脈によっては、監視や非難につながる恐怖をもたらす脅し行為になり得ます。身体的な暴力だけでなく、相手を辱めたり責めたりして、自分がおかしいとか自分のせいだと思わせる感情的な暴力が付随してきます。

　近年の傾向では、「別れた恋人が SNS、Facebook、LINE などで行動を監視してくる」「二人で撮った写真を投稿して、悪口を載せる」などの事例がみられます。これらの行為がエスカレートし、ストーカー行為に発展することもあります。

暴力の要因

　デート DV の要因としていわれているのは、暴力をふるう側（主に男性）が暴力のある家庭で育っていること、漫画やゲームなど暴力に寛容な社会の影響、アダルトビデオなど暴力的なセックスをゲーム感覚でとらえていること、男らしさが暴力容認につながっていること、などです。

　被害を受けていても「自分がほかの異性と話すことに彼が怒るのは自分を愛しているからだ」と感じ、葛藤を抱えていても容認してしまい、束縛行為の度合いが激しくなり、関係が長引くことが少なくありません。

　被害者、また加害者にとっても、親密な相手との関係性や相手を尊重した行動について学ぶことが大切です。

デート DV がもたらす影響

　恋人に暴力をふるわれている人は、好きな人といるのに怖い、つらいと思ったり、嫌われるのではと相手の顔色をうかがったりするようになり、しだいに疲れていきます。そうすると、自分の気持ちや自分がやりたいことがわからなくなり、自信や自己肯定感がもてなくなります。

　本当なら愛されるべき恋人から暴力を受けていることを恥ずかしいと

思ったり、自分が悪いから相手を怒らせたと思ったり、あるいは自分が
そんな恋人を変えられると考えたりします。また、別れたくても怖くて
離れられないかもしれませんし、孤独で誰にも相談できずにいるかもし
れません。暴力を受け続けていると、被害者は自己犠牲感を強め、依存
性の高さや自尊心の低下が深刻化していきます。

　暴力を我慢してそれが長引き、眠れない、抑うつ的になる、勉強に集
中できない、死にたくなるなど症状が出てきたら危険です。海外の調査
では、デート DV はのちに DV につながっていくことが非常に多いこと
やデート DV 被害経験のある若者は過度のアルコール飲酒、薬物、うつ、
自殺念慮のリスクが高まることが報告されています。

相談する先

　殴られたときには警察に駆け込むこと、これが大事です。後述するス
トーカー規制法の適用を考えることもできます。大学生であれば校内の
ハラスメント相談室へ、中高生であればスクールカウンセラーやスクー
ルソーシャルワーカーに相談する方法があります。

　DV 防止法では、「生活の本拠をともにする交際」であれば、婚姻関
係になくとも保護の対象となります。他に生活の本拠を持ちながら、一
時的に恋人の家で寝泊まりしている場合は対象となりませんが、その際
にはストーカー規制法の適用を検討できます。デート DV を受けている、
相談したいというときは、配偶者暴力相談支援センターも利用できます。
その他、都道府県の自治体、NPO の相談窓口、警察、弁護士も相談先
となります。

2 ストーカー被害

　昨今、ストーカー被害がニュースに取り上げられることは珍しくなく

なりました。時に被害者の命が奪われる痛ましい事件もあります。被害の多くが恋愛等の好意的感情から始まり、常軌を逸した行為を繰り返し行う加害の標的に誰もがなり得るといえます。問題が深刻になる前にどのような手立てが打てるのかをみていきます。

ストーカーとは

「ストーカー行為等の規制等に関する法律（以下、「ストーカー規制法」）に定義されるストーカー行為とは、①行為の目的、②行為の相手が限定されています。

特定の人への恋愛感情またはその他の好意の感情が満たされなかったことに対する怨恨の感情を満たす目的で行われるものがストーカーです。ストーカー行為の対象は、恋愛対象者またはその家族、恋愛対象者の親密な相手となっています。

たとえば、ストーカー行為の対象が恋愛感情を持っている人の交際相手であるケースもあります。この場合も、ストーカー規制法の適用が考えられます。

ストーカー行為にあたるものは、つきまとい、押しかけ、監視しているように告げること、連続した電話や電子メール、性的羞恥心を害することを告げること、SNSへの書き込みなどです。これらの行為が反復して行われることを指します。すべての行為が反復することを前提とはしていません。

ストーカー行為の具体例

・住居、勤務先等でみだりにうろつく、見張る。

・「今日、○○と会っていたね」などと、監視していると思わせる言動をする、続ける。

・電子メールや電話を短時間、短期間に何度も繰り返す。

・会ってほしい、プレゼントを受け取ってほしいと要求を繰り返す。

・「バカヤロー」等、著しく乱暴な言動をする。

・インターネットの書き込みで誹謗中傷する。

・卑猥な発言をしたり、メールでわいせつな画像を送ってくる。

対応は2種類

　ストーカー被害があったときは、最寄りの警察に申し出て、加害者への警告を求めることができます。警察では、法律に基づいて2種類の方法を取ります。

1　加害者の処罰

　加害者を告訴する場合は、告訴状を提出し、捜査・検挙と進め、罰則へつなげます。

2　被害者への援助

　援助申出書を提出し、加害者と交渉するための連絡調整の相談、被害防止の相談などができます。その他、防犯指導やパトロール強化などによる警戒等、必要な対応を検討してもらえます。

　「つきまとい等」がストーカー行為に該当する場合、1年以下の懲役、または100万円以下の罰金に科せられます。ストーカー規制法は、2018年に改正され、それまで被害者からの告訴を必要とする親告罪であったものが、告訴がなくとも加害者に公訴できることになりました。

　また、警告したにもかかわらずストーカー行為が続いた場合、またはそのおそれが認められる場合は、公安委員会は禁止命令を発することができます。禁止命令等に違反してストーカー行為を行った場合は、2年以下の懲役または200万円以下の罰金に科せられます。

　その他、相談は住所地ごとに異なり、配偶者暴力相談支援センターや男女共同参画センター（女性センター）、福祉事務所で対応しています。

第3章　女性が受けやすい暴力・支配関係

自治体ごとに対応部署が異なるため、自分で調べること、一か所の対応が十分でなくとも諦めないことは大切です。

ストーカー被害に遭ったら

つきまとい等の被害を受けたときは、加害者の求めには応じず、できるだけ早く家族や友人に相談することが必要です。

ストーカー被害による心身の危険性を事前に想定するのは困難です。加害者と二人だけで話し合うことは避け、第三者や警察に介入してもらうこと、弁護士に相談することを検討する必要があります。

また、被害を受けた行為は、できるだけ物的証拠になるように保存します。たとえば、被害を受けた日時や被害行為の具体的な内容を書面に残しておく、電話は通話を録音する、メールや手紙は保存しておきます。そうすることで、第三者に理解してもらえ、その後の対策にも役立ちます。

4 ハラスメント

ハラスメントは、家庭や職場、学校等のさまざまな集団生活の場面で発生します。これまで個人の問題や仕事上のトラブルと黙認・黙殺されてきたものが、「ハラスメント」という用語を得て、法的・社会的に取り扱うものとして認識されるようになりました。本項では、職場や学校におけるハラスメントについてみていきます。

1 ハラスメントとは

ハラスメントは、「不愉快、もしくは威嚇的な態度をとる」「繰り返し嫌がることをする」等、相手が不快と感じる行為や態度の総称です。日常生活では、「いじめ」や「虐待」などの言葉も同義語として用いられます。

狭義では、学校や家庭などの身近な場面で、上司や教師、親や夫などの「力関係で優位にある者」が言葉や態度、身振り、文書などにより、他者に「精神的・身体的苦痛」を与え、相手の人格や尊厳を侵害する行為を意味します。

本項で取り上げる職場や学校でのハラスメントのほか、医療従事者による患者や家族に対するドクターハラスメントや、飲み会などで飲酒を強要するアルコールハラスメント、喫煙者がたばこを吸わない人に与えるたばこの害や関連する行為のスモークハラスメントなど、さまざまなハラスメントがあります。

いずれのハラスメントも、一人の人間を個人として尊重しないことが問題であり、誰しも容易に被害者にも加害者にもなり得ます。以前は個人の問題とされ、被害者が泣き寝入りするケースが大半でした。それが、ハラスメントが個人の心身へ悪影響を与え、仕事や学業の能率を下げ、

職場の環境を悪化させるものと理解されるようになりました。

　個別労働相談窓口への相談件数は増加の一途で、職場のハラスメントを理由とする精神的不調について労災認定件数も増えるなど、ハラスメントは現代社会の大きな課題となっています。

🍃 ハラスメントとメンタルヘルス

　ハラスメントを受け続けると、心身や日常生活、経済面に影響が表れます。職場の例では、「いつ自分はクビになってしまうのだろうか」という雇用不安から不眠、頭痛、吐き気、下痢、腹痛などの神経症状が表れ、体調不良を訴えるようになり、やがて仕事の能率が低下したり、出勤できなくなったりします。重症化するとうつ病を発症したり、それゆえ休職が必要になったり、自主退職を余儀なくされたりします。

　強度のストレスを与えるハラスメントは、最悪の場合、被害者の自殺を招きます。被害者個人への影響だけでなく、職場の士気を低下させ、職場環境の悪化も招きます。生産性の低下、ミスやトラブルや事故の発生、欠勤者の頻発により、従業員の負担が過重になるなど悪循環も起こってきます。

② 職場におけるハラスメント

🍃 パワーハラスメント（パワハラ）

　職場のパワーハラスメントは、「同じ職場で働く者に対して、職務上の地位や人間関係などの職場内の優位性を背景に、業務の適正な範囲を超えて、精神的・身体的苦痛を与える、または職場環境を悪化させる行為」と定義されています。上司から部下といった職務上の地位だけでなく、人間関係や専門知識などのさまざまな優位性が含まれ、先輩から後輩、正規職員から非正規職員へも含まれます。

パワハラの具体的な行為は、典型例として6つの類型があります。

表2　パワハラの6類型

身体的な攻撃	暴行、傷害
精神的な攻撃	脅迫、名誉毀損、侮辱、ひどい暴言
人間関係からの切り離し	隔離、仲間外し、無視
過大な要求	業務上明らかに不要なことや遂行不可能なことの強制、仕事の妨害
過小な要求	業務上の合理性なく、能力や経験とかけ離れた程度の低い仕事を命じる、仕事を与えない
個の侵害	私的なことに過度に立ち入る

　職場の長い慣習や閉鎖的な環境等の文化により、パワハラと認識されずに行われている可能性もあります。業務上の適正な指導や注意とパワハラの違いはどこかなど、線引きが容易でない難しさもあります。

 ## セクシュアルハラスメント（セクハラ）

　「相手の意に反する不快な性的言動」を指します。セクシュアルハラスメントは、「これはスキンシップだ」と主張しても、相手が不快に思えばセクハラになり得ます。職場の男性上司や同僚が加害者となり、女性が被害者となるケースが多いですが、近年では女性管理職から男性の部下に対するセクハラも指摘されています。厚生労働省の指針では、セクハラについて次の類型を示しています。

表3　セクハラの類型

職場において労働者の意に反する性的な言動が行われる	対価型セクシュアルハラスメント	それを拒否したことで解雇、降格、減給などの不利益を受ける
	環境型セクシュアルハラスメント	職場の環境が不快なものとなったため、労働者が就業する上で見過ごすことができない程度の支障が生じる

具体的には、女性に「スリーサイズは？」と聞く、飲み会でお酌やカラオケのデュエットを強要する、性的関係を強要する、職場にわいせつな写真を貼る等があげられます。

　職場のハラスメント対策は、セクハラによって労働者が不利益を受けたり、就業環境が害されたりしない措置を講じるよう事業主に義務付けられています。「上司だから嫌と言えない」「仕事をする以上、仕方ない」と我慢してきた女性は、人権侵害行為であると社会が認識したことにより、自らの権利を主張できるようになりました。

　被害に遭っている場合は、職場に改善措置を求めることができ、被害によって精神疾患を発症して休養・療養が必要となれば、労災法の適用も検討されます。セクハラは重大な人権侵害であり、その被害は深刻です。被害者は早めに相談し、相談機関を利用して解決に向けて取り組む必要があります。

妊娠や出産、育児・介護休業に関するハラスメント

　妊娠、出産したこと、育児や介護等によって労働に時間的制限が必要、産前産後や育児・介護に休業が必要になることに対し、業務上支障を来すという理由で嫌がらせを行うハラスメントがあります。

　妊娠・出産や育児に対するハラスメントは、マタニティハラスメント、いわゆるマタハラと呼ばれています。たとえば、妊娠や産前産休の取得を理由に昇給させない、重要な仕事を任せない、降格させるなどがこれにあたります。育児休業や介護休業をとろうとしたら退職を促された、育休から復職したら「辞めて育児に専念してはどうだ？」と言われた、などはよくある事例です。妊娠中であれば、母体の心身やお腹の赤ちゃんへの影響も心配です。

　背景には、日本の文化も関係しています。「女性は産み育てることに

専念すべき」という男女の役割に対する考え方や、「長時間労働ができなければ、一人前ではない」といった企業文化です。そのため、被害者は声を上げることが難しい状況が続いてきました。

　それが現在は、産前産後休業や育児時間の確保、育児・介護休暇の取得が権利として認められるようになりました。職場における妊娠・出産、育児・介護休業等に関するハラスメントを防止する措置も事業主に義務付けられています。

3 企業の義務と法に基づく支援

　従業員を雇用する企業には、「安全配慮義務」「職場環境配慮義務」という職場環境を整える義務があります。ハラスメントは企業の組織としての問題です。

　職場のハラスメントでは、職場内の信頼できる上司や人事部門等の部署に対応を相談することから始まります。労働組合による苦情窓口を活用する方法もあります。ただし、その効果は確実なものとはいえないのが実情です。相談しても、「その程度のことはどこにでもある」「あなたのほうにも非があったのではないか」と取り合ってもらえないことも残念ながらあります。

　大切なことは、相談できる人や機関が見つかるまであきらめないことです。また、被害の相談や訴えを起こすときのために、被害時の状況がわかる記録（録音や日記）をつけておくことが重要です。

　企業など所属している組織以外に相談する方法もあります。現在、パワハラを厳密に規制する法律はなく、相談件数の増加を受けて、国が実態把握に動いている段階です。行政は、ハラスメントの問題を他の労働上の紛争と同様に「個別紛争処理法」という法に基づき対応しています。所属機関で自主的な解決が難しい場合は、各労働局や労働基準監督署等

に設置される総合労働相談窓口で相談できます。

🍃 公的な相談窓口

　セクハラ、マタハラは男女雇用機会均等法により、事業主に相談窓口の設置など適切に対応するための対策をとることが義務づけられています。しかし、社内での解決が難しい、勤務する職場での相談は嫌という場合は、公的な相談窓口として都道府県労働局雇用環境・均等部（室）があります。ここでは助言を受けたり、会社に指導してもらうことに期待できます。

　また、労働基準法、労働契約法、刑法等を武器として活用することもできます。加害者に対して懲戒処分を申し立てる、民事上の損害賠償請求を行う、セクハラ、パワハラの行為が犯罪行為にあたるような場合は警察への被害届、告訴も考えられます。精神的苦痛が大きく、うつ病などの精神疾患となった場合は、業務に起因した疾病で労働災害として判断されると労災保険による補償を受けることも可能です。被害に遭っていて、身に危険を感じる、精神的に追い詰められているような場合は、弁護士への相談を検討することも有効です。

4 学校等におけるハラスメント

　学校等の教育現場で、教職員と学生、先輩と後輩等の関係に起こるハラスメントがあります。「スクールセクシュアルハラスメント」「キャンパスハラスメント」と呼ばれ、セクハラ、パワハラ、アカデミックハラスメント（アカハラ）を含むとされています。アカハラは、学習や研究との関係で行われる人権侵害のことです。大学等の環境において、ハラスメントにより学習や研究、または労働の環境を悪化させる行為を指します。

大学や研究室は、閉鎖的な環境であり、教員と学生にはおのずと上下の力関係があります。教員同士でも、教授と准教授といった歴史的にも従弟関係にも似た関係性を背景にハラスメントが生じ得ます。学生同士でも、妬みや嫉妬、対抗心、競争心などからハラスメントに発展していくケースがあります。アカハラは、被害者の学習や研究意欲を低下させ、閉鎖的環境であるがゆえに周りから気づかれにくいとの特徴もあります。以下は、典型的な例です。

　・指導を求めても、理由なく指導を受けられない。

　・学生の能力や人格を否定するような発言を繰り返す

　・教員が学生に性的な要求をし、拒むと「卒業できない」など脅す

　・教育とは無関係な雑用や私用を学生に強要する

🍃 教育現場、自治体の対応

　教育委員会や各大学では、ハラスメント防止・対策のガイドラインをつくり、ハラスメント防止委員会を立ち上げ、ハラスメントの相談・対応窓口を設けています。

　自治体によっては、スクールソーシャルワーカーやスクールカウンセラーを積極的に配置して相談対応したり、各大学等に設けられている学生相談室に、臨床心理士等によるカウンセリングの機能を設けたりしています。

　現状は、被害者がどのように対応してほしいかや、どう状況を変えうるかを理解して相談対応できる人は少ないと思われますが、安心できる場所で自分のペースで話ができるのは大切なことです。自分なりに出来事を見つめ直し、気持ちの整理をし、問題にどう取り組むかをともに考えてくれる存在は、被害者の力になります。

第**3**章　女性が受けやすい暴力・支配関係

5 性暴力被害

　「性暴力」や「レイプ（強姦）」は、暗い夜道で女性が見知らぬ男性に無理やり犯されるもの……というイメージが未だに世間にあるかもしれません。しかし、性暴力の被害者となるのは、若い女性に限りません。女性も男性も、生後数か月の赤ちゃんから子ども、高齢者まで、すべて被害者になり得ます。性暴力は、人の尊厳を踏みにじる重大な犯罪であり、心身にさまざまな形で多大な影響を長期的に与えます。もし、性被害者と出会ったら……。性暴力の性質と支援についてみていきます。

1 性暴力被害と見えない実態

　2014（平成26）年の統計で、日本では強姦1,250件と強制わいせつ7,400件が起きています（法務総合研究所研究部報告55「性犯罪に関する総合的研究　第2章」平成28年）。また、別の調査（第4回犯罪被害実態（暗数）調査（法務総合研究所2013）では、性暴力被害に遭い、警察に被害を届け出る女性は全体の18.5％と報告されており、実際には上記の件数以上の被害があることがわかります。

　また、「これまでに、異性から無理やりに性交されたことがありますか」という調査（内閣府男女共同参画局「男女間における暴力に関する調査　平成30年3月」）によると、女性の約13人に1人が「あった」と答え、そのうちの77.3％は、相手は見知らぬ人ではなく、交際相手など身近な人であったと回答しています。

性暴力のさまざまな形態

　性暴力は、無理やりの性交であるレイプ（強姦）だけでなく、痴漢、

セクハラ、ストーカー、DV、子どもへの性的虐待など、さまざまな形態があります。加害者は、家族や恋人のこともあります。相手が恋人の場合も、望まない性的行為の強要は性暴力となります。

ポルノ被害、性産業被害

ポルノ被害といわれるアダルトビデオ（以下、AV）への出演も、深刻な性暴力被害です。AV出演強要被害は、「モデルにならないか」と勧誘され、その後、性行為することを断れない状況に追い込まれるケースが多いです。AVでは、性行為による性感染症や妊娠のおそれがあるほか、強姦シーンや集団レイプなどの身体的暴力を伴う行為を「プレイ」としてみせるため、心にも身体にも多大なダメージを与えます。

また、キャバクラと称して、実態は性的サービスを提供する店が存在し、お酒の相手と思って働き始めたら、客の性的好奇心に対応しなければならなくなる被害もあります。

このような被害に遭う女性には、軽度の知的障害や精神障害をもつ人が多く含まれるともいわれています。人権を守る支援が急務です。性産業への勧誘は言葉巧みで、また高収入を謳っていることもあり、性暴力被害は女性の貧困とも結びついています。

子どもの性暴力被害

子どもへの性暴力は、強姦罪となる女性器に男性器を挿入する行為のみを指すものではありません。子どもの性器や肛門に、加害者の性器や指、物を挿入する、子どもにポルノ映画を見せる、子どもを裸にして写真や映像を撮るなどのポルノ行為、これらは性的搾取として性暴力、性犯罪となります。

「児童買春・児童ポルノ禁止法」においても、子どもが衣服を（一部

だけでも）身につけない姿で、性的に刺激する写真や映像の製造・提供を禁じています。しかし、現実には、子どもが被写体になり、AVに出演させられた画像がインターネット上に流れるなどの被害は続いています。こうした映像は、直接の被害後も、多くの人がアクセスして閲覧するため、子どもの心を長期的に傷つけます。子どもを性的な対象にする映像が「楽しまれている」社会であることも大きな課題です。

　女子高生による個室マッサージや、「JKお散歩」と称して高校生とのデートを提供する性産業も問題視されています。女性の性を売る産業は、お金がほしい女子中高生や経済的に困窮している女性にとって誘惑ともなるため、難しい課題といえます。

2 性暴力被害の影響

心身への影響

　性暴力被害に遭った女性は、被害後も加害者との再会や再犯を恐れながら生活するかもしれません。学校に行けなくなった、仕事が続けられなくなった、趣味が楽しいと思えなくなった、男の人を見るだけで苦しくなる、などを訴える人もいます。ポルノ被害であれば、自分の恥ずかしい映像が世間の目に晒される恐怖を感じながら生活していかなければならない苦しさもあるでしょう。性暴力被害は、その後の生活にも深刻な影響をおよぼします。

　近年、性暴力は、長期にわたり被害者の心身や生活に深刻な影響をおよぼす重大な人権侵害と認識されるようになりました。性暴力被害は、事件や災害と同様に外傷体験の一つであり、被害者にはPTSDの診断を受ける人も少なくありません。

　人は心に強い衝撃を受けると、それまでの人生で培ってきた対処法で何とか対応しようとします。しかし、その衝撃が大き過ぎると、対処し

きれずに回復に至らず、つらい症状が続きます。

特に、性暴力は、被害者のそれまでの人生観や安全・信頼といった価値観まで揺るがすため、症状も重くなるといわれています。PTSDの症状は、生活に支障を来し、人生に失望したり、自分には価値がないと自己肯定感を持てなくなったりします。いらいらする、眠れない、頭痛、息苦しい、食欲が出ない、食べるのが止まらないなど摂食障害も起こり得ます。

多岐にわたる症状により、精神科医療やカウンセリングが必要な状態が何年も続くこともあり、長期間にわたり日常生活や学業・就業などの社会生活に影響をおよぼします。幼い頃に親、兄弟、親戚からの性虐待を受けた人が、成人後もその影響に苦しみ、通院、服薬する人もいます。

症状の回復には、時間と根気がいります。それでも、医療やカウンセリングの専門家を活用しながら、回復しているサバイバーとともに、少しずつ自身の人生を生きることに目を向けていくことができます。

🍃 子どもの性暴力被害の特徴

性暴力被害に遭った子どもには、どんな影響があるでしょうか。子どもは、被害に遭ったことを言語では十分に語れません。また、家族からの被害の場合は、「誰にも言うな」と脅されて口を閉ざすかもしれません。

子どもが急にやせる、太る、お腹が痛い、頭が痛いと言う、学校に行きたがらなくなる、勉強に集中できなくなる。怒りっぽくなる、暴力的になるなど、いつもと違う様子を確認した場合、それは子どものSOSかもしれません。あるいは、年齢相応ではない性に関する知識を持つ、他人の体に触ったり、自ら性的対象になるような逸脱行動を見せる場合も、それが考えられます。

子どもは、加害者に抵抗できなかったことに無力感を持ったり、逃げ

第**3**章　女性が受けやすい暴力・支配関係

場がないと罠にはまったような感覚になったりしていることが考えられます。そうすると、我慢するしかないと考えたり、もはや逃げられない環境に適応しようとしたりします。外からみると、「子どもから誘ったのではないか」「子どもも嫌がってなかったようだ」と誤解される行動をとることもあります。

　また、嫌悪すべき被害体験であった一方、自分の身体が性的快感を味わってもいたことに対し、自分の身体に裏切られたと感じているかもしれません。子どもの年齢が低い場合は、そのときに理解できなくても成長とともに理解する日がきます。一時的に忘れていても、恋人や結婚などのライフイベントにより、被害の記憶がよみがえることもあります。子どもに起きた被害を「なかったこと」にせず、子ども自身が語る言葉をきちんと聞き、支援に結びつけることが大切です。

3 性暴力被害への支援

　被害に遭った直後は、恐怖心や屈辱、混乱から、自分に起きたことを信じたくない気持ちや、頭が真っ白になって何をどうすればよいのかわからなくなります。

　そのような状態のなかで、身近な人から励ましのつもりで、「命が奪われたわけじゃないんだから」と諭され、ひどく傷つけられたという人がいます。勇気を出して警察に訴えても、周囲の人から告訴することに消極的な態度をとられたり、「あなたにも原因、落ち度があったのではないか」と心ない言葉をかけられたりして、さらに傷つけられることもあります。

　このような被害後の周囲からの言動による傷つきを「二次被害（セカンドレイプ）」といいます。被害者は、支援を求めても「また傷つけられるのではないか」と傷を深めているかもしれません。

90

性暴力被害の場合、被害者が自分一人で支援を求めるのは困難です。被害者の状況を支援できる適切な機関を探すこと、場合によっては警察につなぐこと、受診を勧めることなどが必要となります。

医療機関の受診

　性暴力被害に遭った直後は、被害者の安全を確認することが第一です。けがはないかを確認し、身体を守るために妊娠や感染症がないか産婦人科で検査することが必要です。性行為から72時間以内であれば、緊急避妊用ピルにより、高い確率で妊娠を防ぐことができます。

　また、のちに加害者を告訴する際には、証拠を採取してもらうことが重要です。加害者の体液や毛髪などの証拠採取のためには、被害後にシャワーやトイレに入らずにいることも重要です。洋服なども洗わずに袋に入れて保管しておくことが望ましいです。外傷のみの場合も、病院を受診し、診断書をもらっておくと、告訴したいときに役立ちます。

警察への相談

　警察本部には、性犯罪専門の相談窓口があります。そこから犯罪被害者支援団体等を教えてもらうことができます。被害を訴えると、女性警察官が病院までの付添等を支援します。警察署には、相談したという記録を必ず残してもらうようにします。治療費や性感染症の検査費用については、国や警察が一定額を負担するほか、自治体によって被害に関する公的支援が行われる場合があります。

　被害者は、被害から何か月も経ってようやく落ち着き、警察に訴えることが考えられるようになることもあります。

第3章　女性が受けやすい暴力・支配関係

🍃 子どもの場合の対応

　子どもから被害を打ち明けられたら、最後までしっかりと聴いてあげましょう。子どもは、加害者に抵抗できず、被害に遭った自分が悪いから叱られるのではないかと、不安に思いながら打ち明けています。「本当なの？　嘘じゃないの？」などの否定的な言葉は、子どもの心を深く傷つけます。「よく話してくれたね」と話してくれたことを労い、誘導的な聴き方はせずに話を促しましょう。

　被害状況を繰り返し尋ねることは、子どもの心に大きな負担をかけます。何度も聞かれることで負担になり、被害がなかったことにしてしまうかもしれません。また、子どもの特徴として、何度も聞くことで記憶が混乱し、想像や誇張が入り込むことも考えられます。司法面接など、子どもの話を聴く専門家に対応を任せましょう。

司法面接

　18歳以下の子どもが性暴力被害、その他の虐待を受けて、子どもから事情を聴かなければならないときの調査・捜査のための面接です。専門の訓練を受けた面接官が、子どもの発達段階等に配慮し、誘導をせずに子どもの話を聴いていきます。

　司法面接の大きな特徴は、児童相談所、警察、検察、面接者等で構成されるチームで対応することです。司法面接者が子どもの面接を行う際、チームはバックスタッフとして観察室で面接の様子を見ながら協働して面接を進めます。面接者は、それぞれの機関が確認したい情報を総括し、子どもから聴き取ります。

　これにより、子どもが被害の状況を児童相談所や警察などから何度も聴かれることを避けることができます。司法面接の多くは、各児童相談所から司法面接の専門家に依頼され、実施されます。

Column

刑法の性犯罪規定の改正

2017（平成29）年、110年ぶりに刑法の性犯罪規定が改正されました。以前は、結果的には女性にしか強姦罪、準強姦罪の適用にならず、また肛門性交や口腔性交は強姦罪にはなりませんでした。しかし、改正により、男性も対象に含める「強制性交等罪」「準強制性交等罪」に名称が変わり、法定刑ももともとの「3年」から「5年以上の有期懲役」に引き上げられました。

性犯罪は親告罪といい、告訴するかどうかは被害者の意思に任されていました。この規定がなくなり、告訴がなくても加害者を起訴できることになりました。また、改正前には、13歳以上の被害者に対する行為には「暴行または強迫」を手段とすることが要件でした。このことが、被害者が抵抗したかどうかを問うこととなりました。しかし、抵抗すれば殺されるかもしれない恐怖や、加害者が家族である場合等、実際には目に見える抵抗は難しいことも多くあります。今回の改正では、親などの監護者が支配的な立場を利用して18歳未満の子どもと性的な行為を行った場合には、暴行・脅迫がなくても処罰することができることとなりました。

第3章 女性が受けやすい暴力・支配関係

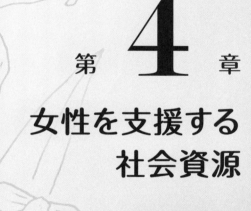

第 **4** 章

女性を支援する社会資源

※本章で紹介する社会資源(制度やサービス、専門機関、専門職等)の情報は、その名称も含め、2019年4月時点の内容です。また、自治体の単独事業や民間の取り組みなど、支援に有用な資源を多種収載しています。

社会保障制度と社会資源

　社会資源とは、生活していく上で「困ったな」と思ったとき、その困り事を軽減し解決するために活用できるあらゆるものです。

　たとえば、自力で歩けなくなったときに使う杖や車いすなど「物や道具」、支払った医療費が戻ってくる高額療養費や高齢で生活費を稼ぐことができなくなったときの老齢年金など「制度」、病気になったとき受診する病院や保育園・特別養護老人ホームといった「施設や設備」、治療を担当する医師や看護師など「専門職や専門技術」、ボランティアや友人など「専門職ではない支援者」も含め、生活上の困り事を軽くしてくれるものの総称が「社会資源」です。

　2章では、女性のライフサイクルに沿って、その年代の特徴と生じる課題について紹介しました。3章では、どの年代でも誰にでも起こりうる暴力について紹介しました。4章では、生活上にさまざまな課題を抱えたとき、その課題を改善・解決する社会資源を見ていきます。

　インターネットの普及により、さまざまな情報をすぐに手に入れられる時代です。情報過多であるということは、それが自分に合った情報なのかどうかを判断することがさらに難しくなっているということです。情報を入手できる人とできない人の間に格差も生じています。社会資源の情報を提供し、よりよく活用する支援者の役割は重要です。

■ 社会資源の種類

　社会資源というと、国や自治体など行政が実施している制度が思い浮かぶかもしれません。しかし、ニーズは多様であり、生活を支援するための社会資源は、もっと豊富に必要となります。

社会資源の種類は、大きくフォーマルとインフォーマル、営利と非営利に分類することができます。

　フォーマルな社会資源とは、生活保護制度や年金制度、医療保険制度、雇用保険制度、介護保険制度など国や自治体が行っている公的な制度です。インフォーマルな資源とは、相談者にとって支えとなる家族や友人、近所の人々、ペットなども含まれます。営利な社会資源とは、民間企業が提供するサービスのことです。社会福祉の領域にも、民間企業が多く参入するようになりました。社会資源が必要な人は、経済的な困窮者だけではありません。非営利な社会資源とは、NPOやボランティアなどです。フォーマルな資源ではカバーしきれない部分を補い、多様で細やかなニーズを充足するときに欠かせない資源です。

　人生のあらゆるステージにおいて生じる課題を少しでも軽減できるのであれば、まずは何でも使ってみるという姿勢が重要です。足りないところは補い、さらに無いものはその必要性を声にしたり、開発するための方法を探ったりといった姿勢が支援者に求められます。

■ 活用するときに留意したいこと

1　相談者が困っていることは何か

　同じような悩みを抱える相談者でも、生活上の困難は一人ひとり違います。そのことを念頭におき、丁寧にニーズをアセスメントします。そこに社会資源があるから当てはめるのではなく、そのニーズを充足する社会資源を幅広く検討する必要があります。

2　活用のメリット、デメリットを吟味する

　支援者は、相談者の困り事を軽減するための社会資源のメリットを説明し、窓口など利用方法を伝えます。あわせて、デメリットや今後起こりうるリスクがあれば、その説明も必要です。社会資源は課題を解決す

るために利用しますが、先々にその影響が出ることがあります。相談者は、混乱の状態にあれば、今しか見えないこともあります。支援者は、現在と今後を見通して社会資源の活用を提案します。

3　他機関と連携する際は、個人情報保護の観点を持つ

社会資源の活用にあたり、他機関に個人情報を伝えることが生じてきます。資源を利用するためには必要な工程でしょう。しかし、個人情報の重要さに留意し、相談者の了承を得るなどを丁寧に行う必要があります。

4　ニーズは変化し、必要なサポートも変化する

たとえ、相談者の状況を的確にアセスメントし、有効な社会資源を活用できたとしても、生活は常に変化し、必要となる社会資源も常に変化していきます。次の新たな課題が生じていることも考えられます。

このとき、同じ支援者がその相談者にかかわり続けることができているとは限りません。何か変化があったとき、現在の支援者が引き続いて担当できるのか、次はどこが相談を受けてくれるのかなど、今後も支援がつながっていけるようにすることが大切です。

■ 医療ソーシャルワーカーという社会資源

どのライフサイクルにおいても、病気やけがは生活を脅かす原因となることがあります。長期に療養が必要であったり、障害として残った場合は人生のプランの立て直しに迫られます。病院には医療の専門家だけでなく、社会福祉職である医療ソーシャルワーカー（社会福祉士や精神保健福祉士）がチームの一員として活動しています。患者さんと社会資源、病院と地域をつなぐ架け橋の役割を担い、相談・援助を行っています。社会資源の一つとして活用しましょう。

1 専門相談

1 女性専門の窓口に行きたいとき

　女性を取り巻く環境は複雑化しています。さまざまな悩みや問題に対し、女性として相談したい、サポートを得たいとの女性のニーズは大きいものに違いありません。まずは、女性に専門特化した相談窓口、社会資源を紹介します。

1 女性のための相談窓口

　健康のことなど女性ならではの相談は、プライバシー性が高く、異性（男性）が相手では話しづらかったりします。そのため、自治体や医療機関、NPO等、さまざまな領域に専門の相談機関や相談員が設置・配置されています。

■ 女性相談・女性相談センター

　女性が抱えるさまざまな悩み、たとえば夫や恋人からの暴力、男女間のトラブルや離婚の問題、妊娠その他の心や体の悩み、住むところがないなど住居に関する問題、子どもの養育や家庭内の問題などの相談を受けています。窓口によっては、法律相談や精神科医による相談、男性のための相談を受けているところもあります。

　都道府県や区市町村に専門の窓口があり、名称は女性相談室、女性相談センター等、さまざまです。各自治体に電話で問い合わせるほか、インターネットでも検索できます。

■ 日本女性法律家協会（法律相談）

　経験豊富な女性弁護士が夫婦や親子の悩みごと、男女間のトラブル、

買い物や借金の問題の相談にのってくれます。共催している主婦会館（新宿区）に出向き、話をじっくり聴き、これからどうしたらよいのか、具体的なアドバイスを行います。

■ 女性センター、男女共同参画センター

都道府県、市町村等が自主的に設置している女性のための総合施設です。名称はさまざまです。

女性センターでは、「女性問題の解決」「女性の地位向上」「女性の社会参画」を目的とし、女性が抱える問題全般の情報提供、相談、研究などを行っています。

■ 女性健康支援センター

思春期から更年期に至る女性を対象とし、身体的・精神的な悩みに関する相談指導や、相談指導を行う相談員の研修を実施する国の事業です。都道府県・政令指定都市・中核市で展開されており、看護師等の専門職が、女性の心身の健康に対する悩みに答えてくれます。全国女性健康支援センターの一覧は、厚生労働省のホームページで確認できます。

全国女性健康支援センター一覧
http://www.mhlw.go.jp/stf/seisakunitsuite/bunya/kodomo/
kodomo_kosodate/boshi-hoken/boshi-hoken14/

---

2 女性医療

女性医療とは、簡単にいうと「女性という性を考慮して行われる医療」のことです。

女性の卵巣は、10代から50代まで機能し、ホルモンを産生しています。

女性は、一生を通して思春期、妊娠・出産、更年期と、ホルモンバランスが大きく変わります。

　従来、産婦人科は別として、身体や心の病気は、男性も女性も同じように取り扱われてきました。しかし、疾患によっては、その発症頻度や症状の出方が、男性と女性では異なることがわかってきました。薬剤によっては効果の出方も異なります。

　また、近年、女性のライフスタイルや価値観の変化に伴い、女性の社会における役割も変化し、それによる社会問題も起きてきています。身体の性だけでなく、社会のなかで活動する女性としての性（社会的性）も、女性の健康状態に大きく影響しているのです。たとえば、月経前症候群、摂食障害、DVによる健康被害などは、社会問題とのかかわりが深いものです。このような背景から、女性の性に配慮した女性のための医療が必要とされ、女性外来等女性医療を専門に扱う機関ができています。

　女性医療を行っている医療機関は、インターネットで検索できます。

❷ 学校・学生生活
1 学生生活でつまづいたとき

　この年代の人たちの社会資源の多くは、電話での相談です。社会へ踏み出す一歩手前ですから、自らのことをまったく知らない相手に相談する経験が少なく、繊細な悩みを名前を名乗らず自分のタイミングで相談できる電話は、有効な資源の一つです。電話をきっかけに問題解決へとつながることもあります。同様の趣旨であっても、自治体ごとに名称や設置主体が違う場合もありますので、事前に確認してから紹介するのが最善です。

1 青少年の育成にかかわるサポート

■ 青少年センター

　青少年の育成を目的として、全国の市町村を中心に設置されています。名称は活動内容等に応じて「青少年育成センター」「青少年指導センター」「青少年相談センター」など、さまざまです。いじめ・不登校・非行といった子どもや若者とその保護者が抱える悩みについて相談できる場所です。以下、具体的な自治体の例を紹介します。

　東京都では、全国に先駆け先進的な事業を実施しています。18歳以上の若者を対象にした東京都若者総合相談支援センター「若ナビα」が2017（平成29）年に開設され、人間関係の悩みや漠然とした不安などの悩みについて、相談にのってくれます。まずは電話かメールで相談し、必要に応じて来所相談の案内をしてくれます。

> **東京都若者総合相談支援センター「若ナビα」**
> https://www.wakanavi-tokyo.net/user_reg1.php
> **電 話 相 談** 相談は無料、電話代がかかる
> **メール相談** パソコン、携帯電話からホームページで登録
> **来 所 相 談** 完全予約制

　横浜市では、市内在住の 15 ～ 40 歳未満の青少年とその家族に対し、さまざまな悩みに対応する「横浜市青少年相談センター」、職業的自立を支援する「若者サポートステーション」、生活改善への支援を行う③「よこはま型若者塾」を設置しています。その他、支所的な機能として、市内 4 か所に「地域ユースプラザ」が設置されています。

※各自治体（都道府県、政令指定都市、市町村）のホームページで、「青少年センター」を検索すると連絡先がわかります。

■ 思春期・FP ホットライン

　一般社団法人日本家族計画協会（JAPAN FAMILY PLANNNING ASSOCIATION）が設置しており、思春期の体、緊急避妊、避妊全般の相談を協会が養成した思春期保健相談士が対応します。電話による相談対応です。

■ スクールソーシャルワーカー

　いじめや不登校、虐待、経済的困窮など、学校や日常生活における問題に直面する子どもを支援します。子ども本人だけでなく、家族や友人、学校、地域など周囲の環境に働きかけて、問題解決を図っていきます。

　スクールソーシャルワーカーの活動形態は自治体によって異なり、学校に配置されて活動する「配置型」、教育委員会などに所属し依頼があった学校に派遣される「派遣型」、複数の学校を掛け持ち、それぞれの学校の状況に合わせて訪問する「巡回型」があります。

■ スクールカウンセラー

　児童・生徒の悩みや問題を聴き、心のケアを中心に支援する心の専門家です。スクールソーシャルワーカーとともに連携して困難を抱えた子どもや家族を支援します。

② 心の問題へのサポート

　心の問題を抱えたとき、医療機関はかなり敷居が高い存在です。プライバシーが守られ、本人が主導権を握り（嫌ならいつでも中断できる）、安心して相談できる場所が必要です。

■ 精神保健福祉センター

　心の健康や精神科医療について、アルコール依存症や薬物依存症、ひきこもりなどの思春期・青年期問題、認知症高齢者、精神障害者の社会復帰など、精神保健福祉全般にかかわる相談を行っています。精神保健福祉法に基づき、各都道府県、政令指定都市ごとに１か所設置されています。自治体により、名称が変わるものもあります。

　学生だと敷居が高いかもしれませんが、誰にでも扉が開かれています。電話がかかりにくい場合、メールでの相談を実施している自治体もあります。

全国精神保健福祉センター一覧
http://www.mhlw.go.jp/kokoro/support/mhcenter.html

※健康に関する女性専門の相談は「**１ 専門相談**」をご参照ください。

③ 生活全般にかかわるサポート

　相談者が抱えている問題は、さまざまなことが混在している場合があ

ります。生活全般にわたる多様な問題に対して相談でき、さらに複数の国籍にも対応できる窓口を知っておくとよいでしょう。

■ よりそいホットライン

生活苦、心の悩み、暴力被害などのさまざまな悩みに対し、24時間無料で電話相談を行います。厚生労働省の補助事業として、社会的包摂サポートセンターが運営しています。

回線は、①一般ライン、②自殺予防ライン、③DV性被害者女性のための専門ライン、④セクシュアルマイノリティライン、⑤外国語ライン、⑥広域避難者ライン、⑦被災地の10代・20代の女性のための専門ライン、と7つの区分に分けられています。外国語や聴き取りが難しい人にも対応します。

> **よりそいホットライン**
> http://279338.jp/

4 人権にかかわるサポート

いじめや不登校、体罰や虐待など子どもの人権に関する相談窓口です。同じ名称で法務省と東京弁護士会が開設しています。

■ 子どもの人権110番（法務省）

法務省が開設している窓口です。全国共通のフリーダイヤルで、通話料は無料です。

■ 子どもの人権110番（東京弁護士会）

電話相談と面接相談があります。面接は予約制です。

5 生命にかかわるサポート

自殺など生命にかかわる相談窓口です。

■ いのちの電話

イギリスで自殺予防のために開始された電話相談に端を発し、日本では1977年に一般社団法人日本いのちの電話連盟が開始しました。誰にも相談できず、一人で悩んでいる人のための相談窓口です。全国都道府県にあり、対応時間はそれぞれで異なります。

> **全国いのちの電話一覧**
> https://www.inochinodenwa.org/lifeline.php

■ 自殺総合対策推進センター

自殺対策基本法に基づき発足した団体です。全国の都道府県・政令指定都市に設置されている地域自殺対策推進センターとの連携や、支援のための手引きの編纂、自殺未遂者・遺族への支援、自殺実態の統計分析等を行っています。

6 インターネット、ゲーム依存へのサポート

■ インターネット依存専門外来

インターネット依存への支援策は医療機関が中心となります。社会資源としては、現状はまだ不足しています。

久里浜医療センター　「インターネット依存症治療部門（TIAR）」

大石クリニック　「ネット依存専門外来」

その他、活用できる資源

● 法テラス …… （→ 170頁）

❸ 仕事
1 女性が仕事を探すとき

　女性が仕事を探すきっかけは、女性の年齢や背景によりさまざまです。新卒就職か、再就職なのか。再就職の場合は、既婚で扶養の範囲で働きたいのか、バリバリ働きたいと思っているのかなど、背景も働き方に対する希望も多種多様です。

　女性の働き方は選択肢があるぶん、迷いも生じます。また選択肢があっても、必ずしも思い通りに選択できるわけではありません。不本意非正規雇用や就職浪人、非正規雇用から正規雇用への転換の難しさなどが就労問題をより複雑にしています。

　昨今の人材不足も手伝って、雇用形態にこだわらなければ、就職はしやすいかもしれません。ただし、日本の雇用慣行では、学歴やキャリア経験が重視されるため、格差が固定しやすく、キャリアのやり直しがききづらい社会です。

　また、性役割分業と社会保障や税制が結びついているため、女性が経済的に自立するのが困難な状況も多くあります。世帯に男性の収入が見込めなければ、一気に貧困に陥ってしまいます。

　だからこそ、どのような背景や年代であっても、女性が働き出すことを考え始めたときは、女性自身のライフプランをもとにキャリアプランを立てる必要があるのです。仕事探しの前にこうした準備をすることは、女性の将来の経済的な安定や自立に役立ちます。

１ ハローワークの活用

　ハローワークは、職業相談や職業紹介などの求職手続きを行うほか、失業給付を受けるための雇用保険手続きや、職業訓練・セミナーなどに

関する情報提供等を行う機関です。誰でも無料で利用でき、全国の情報を調べることができます。

　ハローワークは、住所地管轄のハローワークのほか、対象者や扱っている求人により、いろいろな種類があります。また、各都道府県により、名称が異なります。

表4　ハローワークの種類

新卒応援 ハローワーク	・対象は大学院・大学・専修学校等の学生、これらの学校を卒業し就職が決まっていない人。 ・全都道府県にあり、履歴書やエントリーシートの作成などの相談にも応じるほか、就活フェアやセミナーの実施、就職後の職場定着支援などワンストップできめ細やかなサービスを提供する。
マザーズ ハローワーク	・対象は仕事と子育ての両立を目指す人、就職を希望するすべての女性。
マザーズ コーナー	・キッズコーナーの設置など子育てしながら就職活動しやすい環境づくりや、担当者制による職業相談を行う。地方公共団体と連携し保育所等の情報提供も行う。
パートバンク	・対象はパートタイム希望者が対象。
中核人材確保 支援センター	・対象は概ね40歳以上の管理的職業、技術的・専門的職業をしてきた人。 ・東京都新宿区の飯田橋のみ。他の自治体ではハローワークのほか、民間サービスの有効活用を勧めている。
ヤングワーク プラザ	・対象は安定した雇用を希望する若年者。 ・職業指導、職業紹介、各種の講座などを行う。希望職種が明確になっていない場合、職業適性診断や職業カウンセリングを行う。

■ キャリアコンサルタント

　職業選択や能力開発に関する相談・助言を行う専門家です。各自治体の就労支援機関やハローワークに所属している場合と個人で相談を請け負う場合があります。

国家資格キャリアコンサルタント Web サイトキャリコンリサーチ
https://careerconsultant.mhlw.go.jp/search/Matching/CareerSearchPage

---

■ ジョブカード

　ジョブカードは、キャリアコンサルティング等の支援の前提となる個人の履歴をまとめたシート（書式）形式のツールです。職業経験の棚卸しや、キャリア・プラン等の情報を蓄積して訓練を受けるとき、また生涯のキャリア形成を検討する場面などに活用します。厚生労働省のジョブカード制度総合サイトを参考に自ら作成できるほか、キャリアコンサルタント等に個別に相談し作成することも可能です。

2 職業訓練

　在職中あるいは失業を機会にキャリアアップやスキルの向上を考えるとき、公共の職業訓練を活用することができます。公共の職業訓練は、テキスト代や検定料等は自己負担ですが、講座代はほぼ無料です。そして、失業中の人は、訓練終了まで失業手当の給付が延長されます。

　資格があると自信もつきますし、仕事の選択の幅が広がります。女性は、ライフイベントをきっかけにキャリアを中断しがちです。再び働くことを考えるとき、長く働き続けるために必要な手立てを講じることは、その後の女性の人生を豊かにします。職業訓練は、その一助になります。

■ 公共職業訓練（ハロートレーニング）

　公共職業訓練は、希望する仕事に就くために必要な職業スキルや知識などを習得できる公的制度です。国が実施するものと都道府県が実施するものがあります。

　都道府県が実施する訓練のうち、民間の教育訓練機関に委託して行う訓練を委託訓練といい、コースや期間もさまざまです。職業訓練を希望する対象者の状況や希望により、訓練の種類が変わります。そのほか、ひとり親家庭の母等の職業訓練、障害者の職業訓練があります。

図2 職業訓練の種類

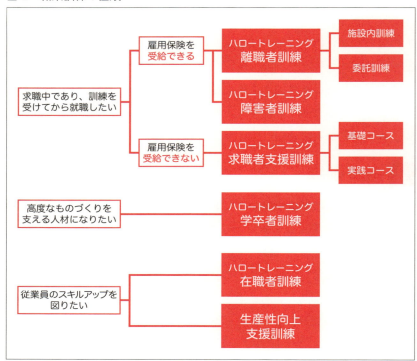

出典：厚生労働省ホームページより

　職業訓練を受講するには、ハローワークに求職申し込み後、訓練を実施する施設の選考に合格し、ハローワークで受講のあっせんを受ける必要があります。

■ ひとり親家庭の母等の職業訓練
（就職支援準備講習付き職業訓練）

　ひとり親家庭の母等の再就職を支援するための委託訓練です。訓練開講前に、就職支援準備講習（5日間程度）を修了することで優先的に訓練を受講できます。講習および訓練には、託児サービスが利用できます。対象は、ひとり親家庭の母、児童扶養手当受給者および生活保護受給者でハローワークに求職手続きをした人です。

3 職業訓練に関する給付金

　職業訓練をするための費用の一部を支給する制度です。雇用保険を根拠とした給付のほか、対象者の状況により給付されるものがあります。給付金ごとに要件が定められています。

　日々の暮らし以外に訓練の費用を捻出するのは難しいかもしれませんが、制度を活用すれば多少は負担が軽減します。また、女性が職業的に自立して経済力をつけることは、女性自身の貧困を防ぐことにつながります。シングルマザーの場合は、子どもの貧困も防ぐことにつながります。

■ 教育訓練給付金（雇用保険の給付）

　訓練の内容により、一般教育訓練給付金と専門実践教育訓練給付金に分けられています。支払った費用の一部が支給されます。対象は、雇用保険の被保険者または被保険者であった人です。

■ 教育訓練支援給付金（雇用保険の給付）

　雇用保険の被保険者で、初めて専門実践教育訓練（通信制、夜間制を除く）を受講し、かつ受講開始時に45歳未満など一定の要件を満たす

人が対象です。訓練期間中に失業状態にある場合に、職業訓練を支援するための給付金です。

■ 職業訓練受講給付金

雇用保険を受給できない特定求職者がハローワークの支援指示により公的職業訓練を受講する際、訓練期間中に訓練を受けやすくするための給付金です。職業訓練受講手当（月額10万円）、通所手当（上限額あり）、寄宿手当（必要と認められた人のみ）が支給されます。対象は、特定求職者（雇用保険の失業等給付を受給できない求職者で、職業訓練の受講などの就職支援を行う必要があるとハローワーク所長が認める人）となります。

■ 母子家庭及び父子家庭自立支援教育訓練給付金

ひとり親家庭の母または父が就業に際し必要な教育訓練講座を受講した場合に受講費の一部を補助します。利用には、自治体ごとに要件があります。

■ 母子家庭及び父子家庭高等職業訓練給付金

ひとり親家庭の母または父が国家資格（准看護師を含む）を取得するため、養成機関で受講する際、一定の期間について生活費の負担軽減のため支給される給付金です。利用には、自治体ごとに要件があります。

❸ 仕事

2 妊娠、子育てをしながら働くとき

　産前・産後にかけては女性ホルモンのバランスが変化し、心も身体も揺れるときです。復職後は、「ワンオペ育児」という言葉があるように、女性が仕事だけでなく、家事や育児に追われている現状もあります。産後や育児にかかわる制度には、男性も活用できるものがあります。

1 妊産婦が活用できる制度

■ 妊産婦に対する労働制限と解雇制限

　残業や深夜にかかる就業を課さないことを会社に請求することができます。また、業務の負担が大きい場合、軽易な業務へ変更してもらうことを会社に請求できます。また、産前・産後休業の期間およびその後30日間の解雇は禁止されています。

■ 母性健康管理指導事項連絡カード（母健連絡カード）

　仕事を持つ妊産婦が医師等から通勤緩和や休憩の指導を受けた場合、その指導内容が事業主に的確に伝えられるようにするためのツールです。ほとんどの母子手帳に様式は記載されています。

2 産前・産後、育児に活用できる制度

■ 産前・産後休業

　就労している女性で出産を控えた人、または出産後の人は、会社の規定の有無や雇用形態にかかわらず、休暇を取得することができます。産前休業は、出産予定日の6週間前から取得できます。産後休業は、原則出産の翌日から8週間就業することができません。

第4章　女性を支援する社会資源　❸ 仕事

■ 出産手当金

　健康保険の被保険者が産休のため給料を受けられないときに、給与を補填するものとして支給されます。支給額は1日につき標準報酬日額の3分の2に相当する額で、支給期間は（産前42日±予定日とのずれた日数）＋産後56日です。会社を休んだ期間について、事業主から報酬を受けられる場合は、その報酬の額を控除した額が出産手当金として支給されます。健康保険組合または勤務する事業所が窓口となります。

■ 育児休業

　子どもが1歳に達するまでの間、育児休業を取得することができます。認可保育園の抽選に漏れた等の特別な理由がある場合は、2歳に達するまで延長が可能です。雇用保険に加入している人は、生後8週までの出産手当金後に原則1年、育児休業手当が支給されます。

　育児休業は父親も取得可能です。父親が育休を取得し、夫婦二人の育休期間を足すことで、期間を延長できます。また、父親が育休を取得した場合、特例として育休を再度取得できる「パパ休暇」があります。

■ 育児休業給付金

　雇用保険に加入している人が育休中にもらえる給付金です。生後8週までの出産手当金の後に受け取ることができます。期間は原則1年で、特別な理由により育休期間が延長した場合は、受給期間も延長されます。例外もあります。その他にも、被保険者期間等の条件があります。

3 復職後に活用できる制度

　小学校就学前の子の看護休暇制度、3歳未満の子がある場合の勤務時間の短縮、子の小学校就学までの時間外労働の禁止があります。

3 仕事
3 介護をしながら働くとき

　男女の役割分業意識は未だに根強く、主たる介護は女性が担うことが多いのが現実です。介護しながら働くことは、心身ともに負担がかかります。最近では、夫の両親と自分の両親の介護が重なったり、介護と育児が重なったりするダブルケアが問題になっています。障害のある親の介護や兄弟姉妹の世話をする若者（ヤングケアラー）もいます。結果として、多くの女性が介護を理由に離職やパートなどの非正規雇用を選択しています。

　介護は育児と異なり、見通しがつきにくく、いつ終わるともわからない道のりです。そして、介護には何かとお金がかかります。介護をする人もされる人も、風通しのよい関係を継続するためには、お互いの負担になりすぎない工夫が必要になってきます。制度をうまく利用すれば、仕事を辞めるのではなく、働き方を変えるという選択ができるかもしれません。

1 勤務時間にかかわる支援

■ 勤務時間短縮

　勤めている事業所により短時間勤務制度、フレックスタイム制、始業・終業時刻の繰り上げ・繰り下げ、介護費用の援助措置のいずれかが定められています。対象は、常時介護を必要とする状態にある家族の介護を行っており、介護休業をしていない人です。

■ 所定外労働の免除

　対象家族1人につき、介護の必要がなくなるまで、残業など所定外労

働が免除されます。

2 休業等の取得にかかわる支援

■ 介護休業

　介護のために一定の期間、休業することができる制度です。対象家族1人につき、3回を上限として通算93日間まで休業できます。分割して取得することが可能です。事業主は、介護休業の申し出を拒否することはできません。対象は、要介護状態にある家族の介護をする人です。

■ 介護休暇

　要介護状態にある家族が1人なら年5日間まで、2人以上であれば年10日間まで取得できます。半日単位で取得することが可能です。対象は、要介護状態にある家族の介護をする人です。

3 介護者への支援

■ ケアラー支援

　介護に携わっている人（ケアラー）のための支援を「ケアラー支援」といいます。これまで働いてきた人は、地域との関係性も希薄で孤独な介護になりがちです。また、介護が必要になった家族と接するなかで喪失感を抱いたり、将来に対する不安、心身や経済の負担と対峙しなければなりません。

　近年はNPOや自治体による認知症カフェやケアラーズカフェなど、ケアラー同士の交流の場・居場所が増えてきました。地域によっては、支援の一環として訪問相談なども行っています。近隣に同様の活動をしているところがないか、役所などに確認してみてください。

❸ 仕事

4 病気や障害を持ちながら働くとき

　女性特有の疾患に、子宮内膜症、子宮筋腫、卵巣のう腫、乳がん、子宮がんなどのがん疾患があります。また、女性に多い疾患として、バセドウ病などの甲状腺疾患や関節リウマチがあります。これらの疾患は、服薬や通院治療の機会が確保できていれば、症状とつきあいながら仕事を続けることが可能になってきています。身体の疾患以外にも、心のバランスを崩してうつなどの精神障害になる女性も増えています。

　病気や障害になっても、傷病手当金などを受けながら療養できます。体調が回復したら、職場に通院などに配慮があれば働くことも可能です。病気や障害は、喪失の体験でもあります。病気や障害を理由に仕事という社会のなかでの役割さえも失うことはつらいことです。さまざまな相談先を活用して、どうしたら働き続けることができるか考えていきましょう。

1 職場や専門機関の相談先

■ 社内の相談窓口

　産業医や社内の相談窓口は、病気や障害を持ちながら働くときにはぜひ相談しておきたい先の一つです。体調によって一時療養が必要になったり、フルタイムで働くのが難しくなったりすることがあります。そのようなときに産業医や社内の相談窓口につながっておくと、就業規則をふまえた上でどんな方策や働き方があるかを相談することができます。

　また、メンタルの不調のときには、産業医から精神科の受診を勧められることもあります。女性自身は症状のためになかなか決断できないことが多いため、本人の療養環境を整えるよい機会になります。

第4章　女性を支援する社会資源　❸仕事

117

■ 医療ソーシャルワーカー

かかりつけの病院の医療ソーシャルワーカーは、患者や家族にとって頼りになる相談先の一つです。社会福祉の立場から、患者やその家族の抱える経済的・心理的・社会的問題の解決に向けて援助し、社会復帰の促進を図っていきます。医療機関によっては、予約制で相談に応じています。

■ 難病患者就職サポーター

在職中に難病を発症した人の雇用継続などの総合的な支援を行っています。住所地管轄のハローワークで相談できます。

2 障害者の就労支援

うつや PTSD など精神障害のある女性が働く場合、ともすれば無理をしがちです。せっかく回復に向かっていても、社会復帰を焦ったばかりに症状がさらに悪化することもあります。いきなり一般就労を目指すよりも、福祉的就労から始めたほうが回復への近道になることもあります。支援者は焦りや不安に寄り添いながら、ゆっくり回復への道を伴走しましょう。

■ ハローワークの障害者雇用専門窓口

障害者雇用専門窓口では、一般雇用（民間企業や公的機関に雇用され就労すること）を希望する障害者に対し、多様な支援を行っています。障害のある人のために専門の職員・サポーター等を配置し、求職申し込みから職業紹介、就職指導、就職後の定着支援等のアフターケアまで行っています。相談日を設定しているハローワークもあります。

■ 精神障害者雇用トータルサポーター

　精神保健福祉士、臨床心理士等の資格を有し、精神障害者の求職者に対して精神症状に配慮したカウンセリング、就職準備プログラムの実施、職場実習のコーディネート、専門機関への誘導、就職後のフォローアップ等を行います。また、企業に対して精神障害者の雇用に関する意識啓発、課題解決のための相談援助、個別定着支援、医療機関と企業の橋渡し、先進事例の収集等を行っています。

その他、活用できる資源

- 患者会・家族会 ……（→ 181 頁）
- がん相談支援センター ……（→ 181 頁）

第4章　女性を支援する社会資源　③仕事

3 仕事
5 休職するとき、退職するとき

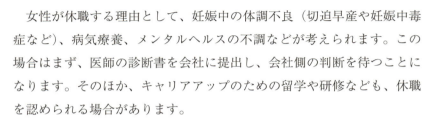

　女性が休職する理由として、妊娠中の体調不良（切迫早産や妊娠中毒症など）、病気療養、メンタルヘルスの不調などが考えられます。この場合はまず、医師の診断書を会社に提出し、会社側の判断を待つことになります。そのほか、キャリアアップのための留学や研修なども、休職を認められる場合があります。

　女性がいったん離職すると、正社員として復職するのは容易ではなく、キャリアの空白が生じたり、非正規雇用にならざるを得なかったりする人もいます。女性のキャリアを考えるときは、結論の先延ばしをすることも必要です。早急に退職の決断をするのではなく、一回立ち止まり、休職という選択肢を検討できるようにします。

1 休職するとき

　休職とは、何らかの理由で就労することができない社員に対し、会社の籍は残したまま、会社が一定期間就労を禁止することです。本人の申し出による介護休業や育児休業とは異なり、休職は会社側が判断し決定します。休職の理由に関しても、病気や出向など会社が任意に決めることができます。多くの会社では、勤続期間に応じて1か月から数か月の一定の期間の休職を認め、休職の理由が消滅したときに復職を認めるという方法をとっています。

　ここでは業務外の疾病等で休職するときの生活保障として、傷病手当金について紹介します。業務上（通勤中を含む）の傷病による休職は、労働者災害補償保険（125頁）をご覧ください。

■ 傷病手当金

　健康保険組合や協会けんぽ、共済組合に加入している被保険者本人が、病気やけがで仕事を休み、給与を受けられないときや給与の一部が差し引かれたときに、給与の約60%が保障される制度です。

　3日間以上連続して仕事を休んだときに、4日目から支給されます。支給期間は、支給開始から1年6か月です。この間に仕事に復帰し、その後再び同じ病気やケガで休職した場合、復帰していた期間も1年6か月のなかにカウントされます。会社からの給与や年金、労災保険の休業補償給付、出産手当金の支給を受ける場合は、支給額が調整されます。

② 退職するとき

　退職するときは、健康保険の手続きと雇用保険の手続きが必要です。

■ 雇用保険

　退職すると、会社からハローワークへ離職証明書が送付されます。ハローワークは、離職証明書をもとに本人へ離職票を発行します。離職票には離職理由が記載されています。その理由により、失業給付の制限や受給できる手当に違いが生じるので注意が必要です。自己都合による離職者は一般離職者とされ、年齢にかかわらず被保険者期間により支給日数が定められています。また、自己都合や懲戒解雇で退職された人は、3か月の給付制限があります。倒産・解雇などにより離職を余儀なくされた人は特定受給資格者といい、年齢と被保険者期間によって支給日数が定められています。一般離職者に比べ、支給日数が長いのが特徴です。

　セクハラやパワハラ、長時間労働などでやむを得ず退職した場合、会社側が自己都合退職として扱うこともあります。このようなときは、ハローワークの窓口で退職までの経緯を説明することで、記載理由を会社

都合として扱ってもらえる場合があります。働く女性に不利益がおよばないような情報提供が必要です。

■ 任意継続被保険者制度

　一定の要件を満たし本人が希望する場合、退職後も引き続き健康保険組合の被保険者資格を継続することができます。加入期間は最長2年で、資格喪失日から20日以内に申請が必要です。

　保険料は在職中と同額ですが、事業主負担がなくなるため、全額自己負担となります（上限あり）。国民健康保険料と比較すると、一般に扶養家族がいる場合は任意継続が有利なことが多いようです。就職し、他の事業所の被保険者になった場合や保険料を納付期限までに納付しない場合は、資格を喪失します。

　なお、任意継続被保険者制度を利用しない場合は、新たな就職先の健康保険に加入する、国民健康保険に加入する、扶養になり家族の健康保険に加入するなど、何らかの健康保険に加入することになります。窓口は、加入する健康保険組合、協会けんぽ、共済組合です。

■ 資格喪失後の各種給付

　退職前に継続して1年以上被保険者期間があった人は、資格喪失後も傷病手当金、出産育児一時金、出産手当金、埋葬料（費）を受けられる場合があります。ただし、この場合、付加給付は支給されません。窓口は、加入する健康保険組合、協会けんぽ、共済組合です。

3 仕事
6 失業したとき

　仕事をしていくなかでは、さまざまな理由から失業に至ることがあります。女性の場合、非正規雇用による不安定就労が多いため、失業のリスクは高い傾向にあります。そのときに活用できる資源をみていきます。

1 失業給付の活用

■ 失業給付金

　雇用保険の被保険者だった人が、定年や倒産、自己都合等により離職したときに、1日も早く再就職するのを支援するために支給されるものです。基本手当の支給を受けることができる日数は90日から360日で、年齢、雇用保険の被保険者であった期間、離職の理由などにより日数は異なります。原則として、離職後1年間に限り支給を受けることができます。

　対象は、離職の日以前2年間に被保険者期間が通算12か月以上あり、働く意思と能力があるにもかかわらず、職業に就くことができない人です。

■ 給付金の受給期間延長

　病気やけが、妊娠・出産等ですぐに働くことができない人は、働ける状態になったときに基本手当が受けられるように、「受給期間の延長の手続き」が必要になります。この手続きは、働ける状態になるまで基本手当の受給を保留にするものです。

　この手続きを行うと、受給できる期間を最大4年延長できます。離職日の翌日から30日過ぎた日から、延長後の受給期間の満了日まで手続

きをすることができます。

■ 再就職手当

　自己都合で退職した人の失業給付には、給付を 3 か月とする給付制限がありますが、早期に再就職が決まった人に対して一定の要件を満たせば就業促進の一つである再就職手当が支給されます。

　失業給付制限期間中の最初の 1 か月間は、ハローワークの求人紹介による就職（紹介状あり）や厚生労働省が許可した職業紹介事業所による就職（紹介状あり）のみ再就職手当が支給されます。再就職日以降 1 か月以内に申請することが必要です。

Column

失業後の国民健康保険料の支払い

失業後に社会保険から国民健康保険に加入した女性のなかには、経済的に困窮し国民健康保険料を払えなくなる人がいます。国民健康保険料を滞納すると、延滞金の発生や限度額適用認定証の交付制限、また保険証の返還を求められたり、療養費等が保険料に充当されることもあります。最悪の場合は、財産が差し押さえられます。保険料は時効も期待できず、未払いが継続すればそれだけ支払額が増え続けることになります。

このようなとき、前年度の収入や離職理由などの基準を満たせば、保険料の軽減や減免が受けられる場合があります。また、事情によっては自治体が分割納付に応じてくれる場合もあります。保険料の支払いに困っている様子がうかがえたら、早めに自治体の窓口へ相談に行くことを勧めましょう。

❸ 仕事

7 仕事上の病気やけがをしたとき

　女性に多い仕事として介護・保育・看護などがあげられます。これらはケアワークであり、感情労働でもあります。人の生命にかかわる仕事は、常に緊張感を伴います。仕事としても感染の暴露や針刺しなどの危険があります。肉体的にも重労働です。患者・利用者や家族からの暴言や暴力により、うつ病など精神障害を発症し、常に一定数の労災件数が報告されています。女性が病気やけがをしたとき、そこに労働災害の可能性がないか、しっかり確認する必要があります。

1 労働者災害補償保険（労災保険）の活用

　仕事中や通勤途中の事故や災害により、病気やけがをしたり、障害の状態になったり、死亡したりした場合に保障を行う制度です。

　労災保険は、従業員の保護を目的とした保険で、労働者が個人で加入するものではなく、事業所（会社）が加入し、その事業所で働く従業員全員に適用される保険です。正社員やパートタイマー、臨時雇いなど雇用形態に関係なく適用されます。

■ 職業病への労災保険の給付

　従事している職業の特性や職場環境によって起こりやすい疾病を「職業病」といいます。じん肺や腰痛、脳疾患、心疾患、精神障害、上肢障害など、業務を継続するうちに徐々に発生する疾病です。

　介護や保育、看護に携わる女性のなかには、慢性の腰痛を抱える人も少なくありません。労災には要件があるため、すべての腰痛が認められるわけではありませんが、申請を検討する価値はあります。

❸ 仕事

8 仕事に関する困り事に対して

　仕事をしていると、さまざまな困り事に遭遇することがあります。それらへ活用できる資源を紹介します。

1 総合労働相談コーナーの活用

　解雇や雇い止め、配置転換、賃金の引き下げ、募集や採用にかかわる不当、いじめや嫌がらせ、セクハラやパワハラなど、あらゆる分野の労働問題を対象に、専門の相談員が解決のための情報提供をワンストップで行います。予約は不要で、無料で利用できます。電話による相談にも応じています。助言・指導やあっせんなどにより、当事者間で早期の自主的解決ができるよう支援しています。

2 労働問題の司法的解決

　相談やあっせんなどの当事者間による解決のプロセスを経ても問題が解決しない場合や、緊急性が高い場合は、労働審判や民事訴訟など司法による解決手続きを検討していくことになります。法テラス（170頁）を活用する方法もあります。

3 未払賃金立替払制度

　会社の倒産による未払いの給与や退職金があるとき、要件を満たせば未払い給与と退職金の8割が機構から支払われる制度です。パート・アルバイトなどの非正規雇用の人や外国籍の人も対象となります。申請書類を提出後、およそ30日以内に指定の口座へ振り込まれます。全国の労働基準監督署および労働者健康安全機構で制度を実施しています。

126

4 結婚、出産
1 結婚するとき

　よい出会いに恵まれて、「この先の生涯をパートナーとともに過ごしていきたい」と感じたときに「結婚」を意識することが多いと思います。ここでは、普段は改めて考える機会が少ない「結婚」「婚姻」という制度について紹介します。

1 結婚とは

　結婚とは何かということについては、さまざまな定義や考え方があります。一般的には、男女が夫婦となること、それを社会に承認されることです。「結婚」と「婚姻」はほぼ同義ですが、法律では「婚姻」が用いられています。日本では、婚姻の成立に法律上の手続きが必要な「法律婚」が採用されています。以下のような要件を満たした上で、戸籍法に基づく届け出をすると、婚姻が成立します。

婚姻の成立要件

①男女に婚姻する意思があること

②男女ともに婚姻適齢であること（現行法では男性18歳以上、女性16歳以上[※1]）

③重婚でないこと

④再婚禁止期間（前婚の解消または取り消しの日から100日未満）でないこと

⑤近親婚でないこと

⑥未成年者の婚姻について父母の同意があること[※2]

（※1 ※2　成年年齢を20歳から18歳に引き下げる改正民法が成立したため、2022年4月1日から⑥の父母の同意が不要となり、同時に②の女性の婚姻適齢が18歳に引き上げられ男女の婚姻適齢が統一される）

婚姻の効力（婚姻による効果）

婚姻をすることにより生じる効果には、以下のものがあります。

①夫婦同氏

夫婦で新たな戸籍をつくり、（夫または妻どちらかの）同姓になる。

②同居・協力・扶助の義務

夫婦は同居し、互いに協力し援助しなければならない。

③貞操義務

不貞行為は離婚原因となる。

④成年擬制

未成年者が婚姻をしたときは、これにより民法上は成年に達したものとみなされる。

⑤夫婦間の契約の取消権

夫婦間でした契約は、婚姻中のいつでも夫婦の一方からこれを取り消すことができる。ただし、第三者の権利を害することはできない。

■ 婚姻届

法律上の婚姻を成立させるために届出するものです。届出をした日が婚姻日になります。

4 結婚、出産
2 出産するとき

　妊娠・出産に向けては、喜びとともに不安も大きい時期です。でも、新しい命を迎えるためにしっかりと準備をしておきたいものです。ここでは、公的な制度を中心とした社会資源を紹介します。

1 妊娠したときに活用できる制度、資源

　妊娠とは、女性の体内で排卵、受精、子宮内膜への着床という過程を経て、受精卵が発育していく状態を指します。妊娠期間は約10か月です。胎児の成長とともに、女性の体調や体形に大きな変化がみられます。

　また、精神的な不安定さや疲労を感じやすくなります。妊娠中は、栄養のとり方や適度な運動を心がけ、たばこやアルコールなど妊娠に悪影響のあるものを避けながら、大事に過ごしたいものです。

■ 妊娠届・母子健康手帳

　妊娠が確定したら、早めに居住地の役所に「妊娠届」を提出する必要があります。この届出により、母子健康手帳が交付されます。母子健康手帳と一緒に、妊婦健康診査受診票や出生連絡票、母親学級などの行政サービスの案内が配布されます。

■ 妊婦健康診査（妊婦健診）

　妊婦健康診査（以下、妊婦健診）とは、妊娠が順調かどうかをチェックするための定期健診です。もともと健康な人であっても、妊娠中に重い病気にかかることがあります。普段より一層健康に気をつけなければならず、定期的に健診を受けることが大切です。

居住地の役所に妊娠届を提出し、交付された妊婦健康診査受診票（自治体により名称や助成内容が異なります）を使用することにより、契約医療機関での妊婦健診を公費で受けられます。ただし、公費上限額との差額は自費となります。

　居住地で発行した受診票は、原則、居住地が委託契約した都道府県内の契約医療機関のみで使用できるものです。ただし、里帰り出産等による費用について助成が受けられる自治体もあるため、事前に確認します。

■ 母親学級・両親学級

　母親学級・両親学級では、出産についての詳しい知識や出産の準備についての情報（呼吸法、リラックス法、入院準備など）、育児の実用的な情報（沐浴やおむつ替えの方法等の実技指導など）が得られます。医師、助産師、保健師、栄養士などが必要に応じて指導してくれます。妊婦さん同士の情報交換や友達をつくる貴重な場となっており、積極的な参加が勧められています。居住地の保健所等や病院や助産院でも開かれています。

■ 妊娠・出産に関する相談窓口

　妊娠・出産に関しては、さまざまな不安や悩みを抱えることがあります。そのような時に活用できる相談窓口をご紹介します。

東京都妊娠相談ホットライン（東京都制度）

　東京都では、妊娠や出産に関するさまざまな悩みについて、看護師などの専門職が電話やメールで相談に応じています。

　「思いがけない妊娠、予定外の妊娠で戸惑っている」

　「妊娠したかもしれないと不安になっている」

　「妊娠中の体調のことで悩んでいる」

「出産費用が心配」など

※他道府県に居住する人は以下をご参照ください。

一般社団法人全国妊娠 SOS ネットワーク

ホームページで妊娠・出産にかかわるさまざまな悩みに応じた情報提供や、全国の妊娠 SOS 相談窓口を紹介しています。

■ 保健所・保健センター

以下のようなさまざまな事業を行っています。地区担当の保健師等の専門職に直接会い、相談・支援を受けることができます。自治体によってサービス内容は異なります。

①妊娠、出産、乳幼児、青少年、高齢者、精神障害、結核、HIV、難病、その他の保健指導・健康相談

②予防接種

③健康診査（妊産婦および乳幼児の健診、40 歳以上のがん検診など）

④その他、地域保健に関して必要な事業

その他、活用できる資源

● 女性健康支援センター ……（→ 100 頁）

2 出産しても自分で育てられないとき

出産することになったけれど、さまざまな事情で子どもを育てられないときに利用できる公的な制度や民間のサービスがあります。

■ 乳児院・里親

出産後しばらくは自分で育てられないけれど、いつか引き取って育てたいと考えている場合などに利用できます。乳児院は、3 歳になるまで

の子どもたちを（施設の中で）集団で養育するところです。家庭のようにいつも同じ大人が一人ひとりの子どもに向き合って育てることはできません。里親は、子どもたちを温かい愛情と正しい理解を持った家庭環境の下で（里親の住居において）養育する制度です。

　いずれも住所管轄の児童相談所が窓口になります。妊娠中から相談を始めることをお勧めします。

■ 特別養子縁組

　出産しても将来にわたり自分では育てられないときに選択することができる制度です。子どもの福祉の増進を図るために、養子となる子ども（原則6歳未満）の実親（生みの親）との法的な親子関係を解消し、養親が実の子と同じ親子関係を結びます。

　特別養子縁組は、児童相談所または民間の養子縁組あっせん事業者（第二種社会福祉事業の届出をしているところ）で仲介してもらい（手数料はかかりません）、最終的には要件を満たす場合に家庭裁判所が決定します。

日本子ども縁組協会

　ホームページで望まない妊娠・養子縁組について相談できる団体について紹介しています。

養子縁組あっせん事業者一覧

　厚生労働省ホームページより確認できます。

3 妊娠や出産に関する支援

■ 産後ケアセンター

　出産後、母子でゆっくりと過ごせる宿泊施設です。助産師等が身体的ケア、心理的ケア、育児指導及び相談などさまざまな支援を行います。

子育てに支援が必要なお母さんの利用については、自治体が費用を助成しているところもあります。

■ 産前・産後ヘルパー

産前・産後の家事や育児の支援が必要な家庭に、自治体から委託を受けた事業所からヘルパーが自宅を訪問し支援するものです。

■ 不妊専門相談センター

不妊治療を希望する夫婦に対し、不妊に関する医学的・専門的な相談や不妊による心の悩みについて医師・助産師等の専門家が相談に応じています。居住地の都道府県・指定都市・中核市に設置されています。

全国の不妊専門相談センター

厚生労働省ホームページより確認できます。

■ 入院助産

保健上入院して出産する必要があるにもかかわらず、経済的にその費用を支払うことが困難な妊産婦（生活保護世帯、住民税非課税世帯、前年所得税 8,400 円以下の世帯（一部を除く）など）に対し、出産費用を助成する制度です。

出産前の事前相談が必要なため、早めに担当窓口（福祉事務所）に相談に行くことが必要です。できればパートナー、信頼のできる家族や支援者と一緒に行くことを勧めてください。

■ 産科医療保障制度

分娩に関連して発症した重度脳性まひの子どもと家族の経済的負担を補償する制度です。

第4章 女性を支援する社会資源 ❹ 結婚、出産

この制度は分娩機関が加入する制度であり、掛け金など妊産婦の新たな負担は必要ありません。万が一、分娩に関連して子どもが重度脳性まひを発症した場合（この他にも細かい要件があります）には、満1歳の誕生日から満5歳の誕生日までに申請手続きを行う必要があります。

本制度の運営は、公益財団法人日本医療機能評価機構が行っています。

制度の詳細については、同機構のホームページから確認できます。

その他、活用できる資源
- 妊娠高血圧症候群等の医療費助成 ……（→ 186 頁）
- 一般不妊治療費助成 ……（→ 186 頁）
- 特定不妊治療費助成 ……（→ 186 頁）
- 産前・産後休業 ……（→ 113 頁）
- 出産手当金 ……（→ 114 頁）
- 母性健康管理指導事項連絡カード ……（→ 113 頁）

4 出産したときに活用できる制度、資源

赤ちゃんが誕生し、大きな喜びに包まれている人、戸惑いや不安のほうが大きい人など、さまざまでしょう。育児が始まり落ち着かないときですが、一つひとつ制度やサービス利用に向けての手続きを行っていきたいものです。

■ 出生届

出生届を提出することにより、子どもが戸籍や住民票に記載されます。生後14日以内に父または母が届出をします。

■ 出生連絡票（出生通知票）

出産後、出生届とは別に出生連絡票を保健所・保健センターへ提出し

ます。用紙は、母子健康手帳と一緒に渡されるか、母子健康手帳にハガキがついている場合もあります。

　出生連絡票をもとに、自治体が生後 4 か月までに赤ちゃんがいる全家庭を訪問する乳児家庭全戸訪問事業（こんにちは赤ちゃん事業）等を実施します。赤ちゃんのことや母の産後の体のことなど、心配なことを書き添えることで、その後の保健指導やサポートの参考になります。

■ 低体重児出生届

　体重 2,500g 未満の赤ちゃんが生まれた場合、母子保健法第 18 条に基づき保護者に届出が義務づけられています。出生連絡票と兼ねている場合や専用の届出用紙がある場合もあります。

■ 健康保険

　出生後はできるだけ早く赤ちゃんの健康保険加入の手続きを行います。赤ちゃんはいつ治療や検査が必要になるかわからないため、遅くとも 1 か月健診までの間には手続きを済ませておくようにします。

■ 出産育児一時金

　出産育児一時金として、一児につき 42 万円が支給されます（産科医療補償制度に加入していない医療機関等で出産した場合または在胎週数 22 週未満の分娩の場合は 40 万 4 千円となります）。妊娠 12 週を超えて（85 日以上）の死産・流産（医師の証明が必要）も支給されます。

出産育児付加金

　出産育児一時金に上乗せして支給される給付金です。一部の健康保険組合でのみ実施されています。健康保険組合独自の給付であるため、支給条件、金額、手続きも保険組合ごとに異なります。

出産育児一時金の支給（直接支払制度・受取代理制度）

　出産育児一時金を、42万円を限度に健康保険から医療機関へ直接支払う「直接支払制度」、出産育児一時金の受領を医療機関へ委任する「受取代理制度」が利用できます。この2つの制度のどちらを採用しているかは医療機関によって異なります。

　これらの制度を利用すると、出産費用から出産育児一時金（42万円を限度）を差し引いた差額を医療機関へ支払うことになり、出産費用としてまとまった額を事前に用意する必要がなくなります。出産費用が42万円に満たない場合で、直接支払制度を利用したときは、差額分を各種健康保険に請求する必要があります（受取代理制度の場合は、特に手続きなく差額分は被保険者に支払われます）。まずは、出産予定の医療機関に確認が必要です。

出産費貸付制度

　各種健康保険の加入者が出産するとき、出産にかかる費用の一部を無利子で借りることができます。

[その他、活用できる資源]

- 子どもの医療費助成 ……（→ 187 頁）
- 育児休業 ……（→ 114 頁）
- 育児休業給付金 ……（→ 114 頁）

■ 児童手当

　日本国内に住所があり、小学校修了前（15歳到達後最初の年度末）までの子どもを養育している人に支給されます（所得制限あり）。なお、所得制限のため児童手当が支給されない場合でも、特例支給として支給されます。

5 個別の状況に応じて必要な手続き・制度

■ 外国人の出生手続き

日本で、外国人から生まれた子どもで外国籍となる場合は、次の手続きをしなければなりません。

・出生後14日以内に市区町村役場に出生届を提出します。

・出生後30日以内に居住地の管轄する入国管理局で在留資格取得許可申請を行います（出生後60日以内に出国する場合は不要）。

・子どもが取得する国籍の大使館または領事館で出生届の提出、パスポートの発行手続きを行います。

■ 認知

認知とは、婚姻関係にない男女の間に生まれた子ども（以下、非嫡出子）を父または母が自分の子どもであると認める意思表示のことです。認知をするには、区市町村に認知届を提出し受理されることが必要です。これにより、父母と非嫡出子は法律的に親子として認められます。

ただし、母親の場合は、出産した事実により自分の子どもであることが明らかなので、母親が認知する必要はないとされています。

法律上の親子関係となることで、父子間に権利義務が生じます。たとえば、子どもが父親に成人するまでの養育費を請求することができ、子どもにも父親が高齢になったときなどに父親を扶養する義務が生じます。

また、父親の遺産の相続権が子どもに認められます。以前まで非嫡出子の相続分は嫡出子の2分の1でしたが、平成25年12月5日民法の一部を改正する法律が成立し、非嫡出子の相続分が嫡出子の相続分と同等になりました。その他、両親の話し合いによって親権を父親に渡すことができるようになります（共同親権にはならない）。

任意認知

　主に父親が自発的に行う認知を任意認知といいます。子どもの出生前に認知する場合（胎児認知）には、母親の同意が必要です。認知はいつでも行うことができますが、子どもが成人した後に認知する場合には、子ども自身の同意が必要です。父親が居住地の区市町村に認知届を提出します。

強制認知

　父親が認知に応じない場合に、子ども側が法的な手続きを取って強制的に認知を行うことです。裁判所で調停、審判、訴訟を行います。父親の居住地の家庭裁判所または当事者が合意で定める家庭裁判所に認知調停を申し立てます。

■ 外国人の子どもの日本国籍取得

　子どもが出生によって日本国籍を取得するのは、次の3つの場合です（国籍法第2条）。

1. 出生のときに父又は母が日本国民であるとき
2. 出生前に死亡した父が死亡の時に日本国民であったとき
3. 日本で生まれ、父母がともに不明のとき、又は無国籍のとき

　ここでいう「父」または「母」とは、子どもの出生のときに、子どもと法律上の親子関係がある父または母をいいます。この法律上の親子関係は、子どもが生まれたときに確定していなければなりません。そのため、婚姻をしていない日本人の父と外国人の母との間に生まれた子どもについては、母の胎内にいる間に日本人の父から認知されている場合（胎児認知）には、出生によって日本国籍を取得しますが、出生後に日本人の父が認知した場合には、出生のときに法律上の親子関係があったことにはならないため、原則として、出生によっては日本国籍を取得しませ

ん。しかし、このような子どもが父から認知された場合については、一定の要件を満たしていれば、法務大臣へ届け出ることにより日本国籍を取得することができます。窓口は、本人が日本に住所を有する場合、届出先は住所地を管轄する法務局・地方法務局です。本人が海外に住所を有する場合、届出先は日本の大使館または領事館です。

■ 「無戸籍児問題」と「離婚後300日問題」

　子どもが出生した場合、出生の届出によってその子どもが戸籍に記載されます。「無戸籍児問題」とは、子どもの出生の届出をしなければならない人（子どもの父または母）が、何らかの理由によってそれをしないために、戸籍に記載されない子どもが存在するという問題です。

　戸籍は、出生から死亡に至るまでの親族関係を登録公証し、また日本国籍を公証する唯一の制度とされているため、無戸籍になると、住民票記載、パスポート発行、健康保険加入、選挙権行使、銀行口座開設など、非常に多くの不利益を被ることになります。

　出生届には、法律上の親子関係のある父母を記載します。子どもの父母が婚姻している場合には、夫を父、妻を母とする出生届を提出すれば、出生の届出が受理され、子どもが戸籍に記載されます。離婚後に出産した子どもの血縁上の父が元夫とは別の男性である場合には、民法第772条で離婚後300日以内に生まれた子どもは、血縁に関係なく元夫の子どもと推定すると規定されていることから、血縁上の父を父とする出生届は受理されず、原則元夫を父とする出生届しか受理されません。

　このような問題、あるいはこのような戸籍上の扱いを避けるために、母が子どもの出生の届出を行わないことによって、子どもが無戸籍になっているという問題を「離婚後300日問題」といいます。

　元夫を法律上の父としない取り扱いを求めるためには、「元夫による

嫡出否認調停」、「親子関係不存在の確認調停（相手は元夫）」、「強制認知調停（相手は血縁上の父）」の各手続きがあります。

　窓口は全国の法務局・地方法務局及びその支局、または全国の弁護士会です。これらの窓口で、成人した無戸籍の人が自ら戸籍に記載されるための手続きについても相談を受付けています。いずれも法務省のホームページで情報を得ることができます。

その他、活用できる資源

- 養育医療 ……（→ 187 頁）
- ひとり親家庭等医療費助成 ……（→ 187 頁）
- 重度心身障害者医療費助成 ……（→ 188 頁）
- 小児慢性特定疾病医療費助成 ……（→ 187 頁）
- 障害児福祉手当 ……（→ 151 頁）
- 児童育成手当（障害）（東京都）……（→ 152 頁）
- 特別児童扶養手当 ……（→ 151 頁）
- 重度心身障害者手当（東京都）……（→ 152 頁）
- 児童扶養手当 ……（→ 174 頁）
- 児童育成手当（東京都）……（→ 175 頁）

6 流産・死産・SIDS

　赤ちゃんを迎えるという希望と幸せに満ちた時間が突然断ち切られ、絶望に変わるということがあります。なるべく考えたくないことですが、誰にでも起こりうることとして夫婦で認識しておく必要があります。

流産

　流産とは、（生命兆候のない）妊娠 22 週未満で妊娠が終了することをいいます。その頻度は妊娠全体の 15％程度で比較的多くの女性が経験しています。妊娠 12 週未満の早期流産と妊娠 12 週以降 22 週未満の後期流産に分類されます。

流産の原因の多くは、赤ちゃん自身の染色体異常であり、母親の働きすぎ、動きすぎなどが原因であることはほとんどありません。

死産

日本では、「妊娠12週以後における死児の出産」と規定されています（医学上の後期流産を含む）。医療の進歩により、死産数は年々減少傾向です。妊娠22週以降の死産の原因は、4分の1が原因不明であり、原因が特定されるものとしては、常位胎盤早期剥離、胎児の形態異常（致死的疾患）が多くなっています。

医療は進んでいますが、残念ながら予期せぬ死産がなくなることはないといわれています。

SIDS（乳幼児突然死症候群：シズ）

SIDSとは、生まれてから元気にすくすくと育っていた赤ちゃんが、ある日突然原因不明の状況で亡くなってしまう病気です。窒息などの事故とは区別されています。SIDSの予防方法は確立していませんが、以下の3つのポイントを守ることにより、SIDSの発症率が低くなるというデータがあります。

・1歳になるまでは、寝かせるときはあおむけに寝かせる

・できるだけ母乳で育てる

・たばこをやめる

（厚生労働省ホームページより）

■ 死産届

死産だった場合には、分娩後7日以内に「死産届」を役所に提出し、火葬することが義務づけられています。この手続きは、人工妊娠中絶の場合も含みます（出産育児一時金の対象にもなります）。

出産後間もなく死亡した場合（新生児死亡）は、死産届ではなく「出

生届」と「死亡届」を同時に提出することになり、戸籍にも記載されます（妊娠 12 週未満で流産した場合の赤ちゃんの取り扱いについては、医療機関や役所に問い合わせてください）。

■ 赤ちゃんを亡くしたときの相談窓口

　赤ちゃんを亡くしたときは、まず出産した医療機関の医師や助産師等に、起きてしまったことの原因や疑問や不安や怒りなどのいろいろな気持ちや体調などを、遠慮することなく、できる限り伝えることが大切です。また、ショックや悲しみや苦しみの気持ちを、夫を始めとした周りの家族と共有する時間を持つことも必要です。出産した女性以外の家族もまた、まぎれもない赤ちゃんを亡くした当事者です。

　どのように自分の気持ちを整理してよいかわからないとき、いろいろな疑問や不安を抱えてしまったときには、以下の場所を利用するのも一つです。

流産・死産経験者で作るポコズママの会

　流産・死産（人工死産）・子宮外妊娠・胞状奇胎・新生児死などの理由により、小さな子どもを亡くした当事者同士の相互支援を目的として活動している非営利任意団体です。

特定非営利活動法人　SIDS 家族の会

　SIDS やその他の病気、または死産や流産で赤ちゃんを亡くした両親を精神的な面から援助するためのボランティアグループです。

その他、活用できる資源

● 保健所・保健センター …… （→ 131 頁）

参考文献
竹内正人編著『赤ちゃんの死へのまなざし　両親の体験談から学ぶ周産期のグリーフケア』中央法規、2010 年

142

5 子育て
1 子育てのサポートがほしいとき

　核家族化や地域とのかかわりの希薄化が進むなか、子育てに不安や負担を感じている人も少なくありません。子育ての環境も変わり、女性の生き方も変わり、どんな形の子育てであっても、親だけで子育てをしていくのは大変です。子育ての負担が親だけにかからないよう、また、安心して子育てができるよう、上手に社会資源を活用していきます。

1 保育にかかわる施設

　子どもを預けられる施設には、さまざまなものがあります。施設などの利用を希望する場合は、居住する市町村で利用のための認定を受ける必要があります。子どもの年齢や「保育を必要とする事由」により「認定区分」が決まり、施設の利用手続きは認定区分により異なります。保育料は、認定区分や保護者の所得に応じて決まります。多子世帯やひとり親世帯等については、保育料の負担軽減があります。

保育を必要とする事由
　・就労（フルタイムのほかパートタイム、夜間、居宅内の労働など）
　・妊娠、出産
　・保護者の疾病、障害
　・同居または長期入院等している親族の介護・看護
　・災害復旧
　・求職活動（企業準備を含む）
　・就学（職業訓練校等における就業訓練を含む）
　・虐待や DV のおそれがあること
　・育児休業取得中に、すでに保育を利用しているこどもがいて継続利

用が必要であること

・その他、上記に類する状態として市町村が認める場合

表5　子どもの保育、教育にかかわる施設

		内容	対象年齢
保育所		就労などのため家庭では保育できない保護者に代わって保育する施設	0〜5歳
認定こども園		幼稚園と保育所の機能や特長をあわせ持ち、地域の子育て支援も行う施設	0〜5歳
地域型保育	家庭保育室（保育ママ）	家庭的な雰囲気のもとで、少人数を対象にきめ細やかな保育を行う	0〜2歳
	小規模保育	少人数を対象に家庭的保育に近い雰囲気のもと、きめ細やかな保育を行う施設	
	事業所内保育	会社の事業所の保育施設などで、従業員の子どもと地域の子どもを一緒に保育する	
	居宅訪問型保育	障害・疾患などで個別のケアが必要な場合や、施設が無くなった地域で保育を維持する必要がある場合などに、保護者の自宅で1対1で保育を行う	
幼稚園		小学校以降の教育の基礎をつくるための幼児期の教育を行う教育施設	0〜5歳

ここが **P**oint!

保育所によっては、子育て相談や育児講座などを行っているところもあります。

■ 病児・病後児保育

　病気や病後の子どもを保護者が家庭で保育できない場合に、病院・保育所などに付設されたスペースで預かります。保育所などの施設によっては保育中の体調不良時を、保護者の迎えまで安静に預かるところもあります。保育中に具合が悪くなった子どもを看護師が送迎し、病児保育施設において保育する仕組みもあります。利用には原則事前登録が必要

です。対象者・利用料・利用時間などの利用方法は区市町村ごとに異なります。

■ 民間の病児・病後児保育

　最近では、民間でも NPO 法人や企業が病児・病後児保育を行っています。当日朝の連絡でも自宅に駆けつけてくれるというサービスを行っているところもあります。

認定 NPO 法人フローレンス

　認定 NPO 法人フローレンスでは、共済型、月会費制の病児保育サービスを行っています。自宅訪問による 1 対 1 の保育で、きめ細かいケアが受けられ、感染症（はしか以外）でも対応できます。当日朝 8 時までの連絡で 100％預かってくれます。ベーシックプラン、ひとり親プランなどを設け、子育てと仕事の両立を支援しています。詳しくは、ホームページをご覧ください。

■ 一時保育

　急な用事や短期のパートタイム勤務のほか、リフレッシュしたいときなどに、保育所や地域子育て支援拠点で子どもを預かります。

■ 放課後児童クラブ

　学校から帰宅しても、保護者が働いていたり、病気などの理由で面倒をみてもらえなかったりする子どものために、放課後の一定時間を預かり、遊びや生活の場を与えてその健全な育成を図る事業です。保護者が仕事等のために留守になる家庭の子どもを対象としており、利用料は区市町村によって異なります。利用時間は、下校時からおおむね 18 時までとなっています。

第4章　女性を支援する社会資源　5 子育て

2 子育てを支える機関

■ 子育てひろば

　子どもと一緒に両親も気軽に集まり、仲間づくりができる場です。また、子育てに関する情報収集や悩みなどの相談をすることもできます。児童館や保育所、学校の空き教室など、さまざまな場所で行われています。

■ ショートステイ

　保護者が一時的に子どもの養育ができない場合に、区市町村が委託した施設や協力家庭で短期間子どもを預かります。利用期間は原則7日以内、費用は市区町村で決められています。対象となる子どもの年齢、利用要件は区市町村により異なります。

■ トワイライトステイ

　保護者が仕事などの理由により帰宅が夜間となる場合に、午後5時から午後10時頃まで子どもを預かります。小学校6年生までの子どもが対象で、費用は区市町村で決められた金額です。

■ 育児（産後）支援ヘルパー

　近くに頼れる人がおらず、出産後に育児や家事の支援を必要とする家庭にヘルパーを派遣します。サービス内容は、育児に関すること（沐浴の補助、授乳、おむつ交換、兄姉の世話、育児相談など）、家事に関すること（食事の準備や片づけ、買い物、掃除、洗濯など）です。費用は区市町村で決められた金額です。

■ ファミリーサポートセンター

　「育児の援助を行う人（提供会員）」と「育児の援助を受ける人（依頼会員）」が会員になり、地域のなかで助け合いながら子育てをする有償ボランティア活動です。子どもを預かる場所は、原則として提供会員の家です。活動の内容は以下のとおりです。

- ・保育施設での保育が始まるまで、あるいは終わってから子どもを預かる
- ・保育施設までの送迎を行う
- ・学校の放課後、または学童保育終了後、子どもを預かる
- ・保護者の短時間、臨時的な仕事の場合に子どもを預かる
- ・保護者の病気や急用などの場合に子どもを預かる
- ・冠婚葬祭や、他の子どもの学校行事の際に子どもを預かる
- ・買い物など外出の際に子どもを預かる

　費用は700円から1,000円くらい、区市町村によって異なります。区市町村や社会福祉協議会が窓口となります。

■ ベビーシッター

　「ベビーシッター」とは、公益社団法人全国保育サービス協会が、ベビーシッターとして必要な専門知識及び技術を有すると認定した人です。企業や個人によるものなど、さまざまな形態があり、インターネット等でも手軽に情報を収集できます。公的なサポートでは手の届きにくいサービス提供もあり、利用者にとって助かる部分がある反面、その質はさまざまです。利用の際には以下のことに注意する必要があります。

- ・情報収集をしたら、事前に見学・面接をする。
- ・ベビーシッターが保育士や認定ベビーシッターの資格を持っている場合は、保育士登録を確認する。

3 子育てに関する相談機関

　地域にはたくさんの子育てサポート機関やサービスがあります。上手に利用することで、自分だけに負担がかかることなく、子育てができます。

■ 児童相談所

　子どもの健やかな成長を願い、ともに考え、問題を解決していく子ども専門の相談機関です。児童福祉法にもとづいて設置され、18歳未満の子どもが対象です。以下のような状況で相談に対応します。

- ・保護者の病気、死亡、家出、離婚などの事情で子どもが家庭で生活できなくなったとき。
- ・虐待など、子どもの人権にかかわる問題が生じたとき。
- ・子どもがわがまま、落ち着きがない、友達ができない、いじめられる、学校に行きたがらない、チックなどの習癖、夜尿などで心配なとき。
- ・知的発達の遅れ、肢体不自由、言葉の遅れ、虚弱、自閉傾向などがあるとき。
- ・家出、盗み、乱暴、性的いたずら、薬物の習慣などがあるとき。
- ・里親として家庭で子どもを育てたいとき。

　サービス内容としては、助言、継続的な相談、一時保護、養育家庭（里親）、施設への入所、愛の手帳の交付、メンタルフレンドの派遣、治療指導事業があります。

メンタルフレンド

　家にひきこもりがちな子どもに対し、話を聴いてくれたり、一緒に遊んだりしてくれるお兄さん、お姉さん（概ね18歳以上30歳未満）のこと。児童相談所での活動となります。

■ 子ども家庭支援センター・子育て支援センター

子ども自身や子育て家庭からのあらゆる相談に応じる総合相談窓口です。子どもとその家庭を対象に、相談、情報提供、遊びとふれあいの場の提供など、子育て家庭を応援するプログラムを取りそろえています。

・子どもと家庭に関するさまざまな相談の受付
・ショートステイ、トワイライトステイなどの在宅サービスの提供
・子育てサークルやボランティアの育成

■ 発達障害者支援センター

人の気持ちがわからない、自分のこだわりを通す、他者の生活や態度に合わせられない、キレる、パニックになりやすい、いくら教えても身につかない、これらに悩む本人や家族が増えています。

発達障害者支援センターでは、自閉症、アスペルガー症候群やその他の広汎性発達障害、学習障害、注意欠陥多動性障害などの発達障害（疑いを含む）がある本人、家族からの相談を受け付けています。

■ 民間の相談機関（子どもの相談）

民間の相談機関は、居住地によってさまざまです。たとえば以下の機関があります。

武蔵野大学心理臨床センター　子ども相談部門

乳幼児から青年期にいたる過程で浮かび上がるさまざまな課題（いじめ、DV、不登校、発達の遅れ等）に関して、悩んでいる子どもや保護者と一緒に相談をしていきます。活動内容は以下のとおりです。

・面接、プレイセラピー（親子相互交流療法（PCIT）など）
・グループワーク（DV被害母子並行プログラムなど）
・コンサルテーション

■ こども医療でんわ相談

　小さな子どもを持つ親が、休日や夜間の急な子どもの病気にどう対処したらよいのか、病院の診察を受けたほうがいいのかなど困ったときに、小児科医師・看護師への電話による相談ができるものです。

　この事業は、全国同一の短縮番号＃8000をプッシュすることにより、居住する都道府県の相談窓口に自動的に転送され、小児科医師・看護師から子どもの症状に応じた適切な対処の仕方や受診する病院等のアドバイスを受けられます（＃8000はプッシュ回線のみに対応）。

■ 児童相談所全国共通ダイヤル

　育児や子育てに悩んだときに相談したり、虐待を受けたと思われる子どもを見つけたりしたときに連絡できる電話番号です。全国共通の番号になっており、電話をかけると一番近くの児童相談所につながります。

■ 全国子育て・虐待防止ホットライン

　「子育てをしていて、つらい」「思わず子どもを殴ってしまいそう」、そんなときに電話で相談にのってくれます。匿名での相談も可能で、秘密は守ってくれます。全国共通の電話番号で、電話をすると料金の説明の後、各地の相談窓口（子どもの虐待防止に取り組んでいる民間団体）につながります。

其の他、活用できる資源
● 保健所・保健センター …… （→ 131 頁）

5 子育て
2 子どもに障害があるとき

　地域の環境の変化により、子育ての問題が少なくないなか、障害を持った子どもの子育てに不安をもつ親も多いと思います。そのようなときに相談できる機関や利用できる制度を紹介します。

1 各種手当

■ 特別児童扶養手当

　重度障害児、中度障害児が対象です。次のいずれかの状態にある20歳未満の子どもを養育している人に支給されます。
　・療育手帳おおむね1～3級程度
　・身体障害者手帳おおむね1～3級程度
　・上記と同程度の疾病もしくは身体または精神の障害がある
　次のいずれかに該当する場合には支給対象になりません。
　・子どもが児童福祉施設等に入所している
　・子どもが障害を支給事由とする年金を受けている
　・子どもを養育している人の所得が一定以上ある

■ 障害児福祉手当

　次のいずれかの状態にある20歳未満の人に支給されます。
　・身体障害者手帳1級および2級の一部
　・療育手帳1度および2度の一部
　・上記と同等の疾病、精神障害
　次のいずれかに該当する場合は、支給対象になりません。
　・子どもが児童福祉施設等に入所している

・子どもが障害を支給事由とする年金を受けている

・子ども又は子どもを養育している人の所得が一定以上ある

■ 児童育成手当（障害）（東京都）

　次のいずれかに該当する20歳未満の子どもを扶養している人に支給されます。

・愛の手帳（東京都療育手帳）1～3度程度の知的障害児

・身体障害者手帳1・2級程度の身体障害児

・脳性まひまたは進行性筋萎縮症

　次のいずれかに該当する場合は、支給対象になりません。

・子どもが児童福祉施設等に入所している

・請求者の前年の所得が一定以上ある

ここが **P**oint!

他の都道府県にも同様の手当金があります。対象者、支給対象外、手当額、窓口など区市町村ごとに異なります。「重度心身障害者福祉手当」という名称で、窓口は区市町村の障害者福祉課であることが多いようです。

■ 重度心身障害者手当（東京都）

　心身に重度の障害を有するため、常時複雑な介護を必要とする人を対象としています。次のいずれかに該当する人に支給されます。

・重度の知的障害で、著しい精神症状などのため、常時複雑な介護を必要とする人

・重度の知的障害と重度の身体障がいが重複してる人

・重度の肢体不自由者で、両上肢・両下肢とも機能が失われ、座っていることが困難な程度以上の障害のある人

次のいずれかに該当する場合は、支給対象になりません。

・施設に入所している

・病院又は診療所に継続して3か月を超えて入院している

・扶養義務者の所得が一定以上ある

2 療育、障害者保育

　通常の発達段階と少し違うと感じられるとき、利用を検討します。落ち着きがない、感情のコントロールがうまくできないなど、育てにくさを併せ持っているかもしれません。そのようなときに相談し、必要に応じて診察やさまざまな専門スタッフの訓練やアドバイスを受けることができます。

■ 療育

　首のすわりが遅い、目が合わない、言葉が遅い、お座りが難しい、音に反応がないなど、発達の遅れが気になったり育てにくさを感じたりしたときは、療育を行うことを考えます。子どもからのサインを見落とさないことです。専門スタッフの訓練等を受けることで、適切な発達を促し、子どもの可能性を広げることができます。

■ 児童発達支援

　障害をもった子どもの通所支援の一つで、小学校就学前の子どもを対象としています。

■ 障害児保育

　障害を持った子どもの母親が安心して働けるように、また、子ども自身が集団保育を通して学びを得られるように、各自治体が障害児保育へ

の補助金を出して、保育士を増やすなどの対応をしています。

　保育所によっては、家庭で保育されている子どもを対象に、集団生活の体験や、保護者のレスパイト（休息）を目的として一時的に利用することも可能です。身体障害者手帳の有無は問われませんが、日々の通所が可能な障害の状態の子どもが対象です。また、居宅訪問型保育事業所もできてきています。

■ 放課後等デイサービス

　6歳から18歳までの障害のある子どもや発達に特性のある子どもが放課後や長期休暇に利用できます。

3 教育にかかわる機関

■ 就学相談

　心身に障害のある子どもの小・中学校や特別支援学校（盲・ろう・養護学校）への就学の相談や、小中学校に在学している子どもの転学相談を受けています。子どもの障がいの程度や特性に応じた適切な教育が受けられるよう、相談を受けています。

■ 特別支援学校

　特別支援学校は、小学部・中学部のほか、学校によっては幼稚部、高等部が設置されています。障害に応じて施設・設備が配慮されており、学校によっては宿舎併設のところもあります。

　特別支援学校に通う子どもの発達段階はさまざまで、障害の状態も一人ひとり異なります。「個別の指導計画」を立て、それぞれに応じた指導を行うことが特徴です。特別支援学校には視覚障害特別支援学校、聴覚障害特別支援学校、肢体不自由特別支援学校、知的障害特別支援学校、

病弱特別支援学校があります。

■ 特別支援学級

　特別支援学級は、小中学校内に設置されている障害を持った子どものための学級です。学級編成が少人数になっているため、通常学級よりも一人ひとりに応じた指導が行われます。

■ 通級指導学級

　普段は通常の学級で学びながら、決められた日に指導学級に通級し、心身の障害に応じた特別な指導を特別な場（通級指導教室）で受ける教育形態です。軽度の障害の子どもが対象です。通常の学級に在籍しながら、個々に応じた特別指導を受けられることが大きな特徴です。

■ 特別支援学校による訪問学級

　体力的な理由や長期の入院のために学校に通うことが難しい子どものために、自宅や入院している病院への訪問指導があります。入院の場合は、3か月以上を目安とし、体調がよくなって元の学校に戻るまでの期間が対象です。

■ 障害児のきょうだいのサポート

　複数の子どもを持つ家庭では、きょうだいへの対応も気になるところです。障害のある子どもへの対応に追われ、きょうだいへのかかわりが希薄になったり、負担をかけていることが気になりながらもついそのままにしがちだったりということもあるかもしれません。

　きょうだいがどんな思いでいるのか、どうしたいと思っているのか、それはきょうだいの年齢や障害を持つ子の状況、家族関係によりさまざ

まです。本人たちの思いに目を向けながら、保育や学校関係者、障害の子どもを見ている医療機関、自治体等と情報を共有し、一緒に考え、対応していきます。

全国障害者とともに歩む兄弟姉妹の会

　兄弟姉妹に障害者がいる人たちを中心に、「障害を持つ兄弟姉妹（障害者）」の幸せをめざし、「障害のないきょうだい」のさまざまな課題の解決に向けて活動している会です。

その他、活用できる資源

● 身体障害者手帳 ……（→ 191 頁）

● 療育手帳 ……（→ 191 頁）

● 精神障害者保健福祉手帳 ……（→ 191 頁）

⑤ 子育て

3 学童期から思春期にかかるとき

　学童期・思春期は、親の手を少し離れ、学校で過ごす時間が長くなり、友人関係も見えにくくなります。子どもの成長を妨げることなく、見守ったり、時には手を差し伸べたりと、その時々にあった対応をしていきたいものです。相談機関を利用することで、一人で抱え込まないようにしていくことが必要です。

1 いじめや非行などへの支援

■ 教育相談

　高校生相当年齢までの子どもやその保護者からの学校教育や家庭教育に関する相談（子どもの性格や行動、進路、高校未就学や中退後の問題、学校との解決困難な問題等）に対し、専門の相談員が応じています。

■ いじめの相談

　いじめに悩む子どもや保護者がいつでも相談できるよう、電話の相談窓口を設けています。

24時間いじめ相談ダイヤル（全国共通）

　電話をかけた所在地の教育委員会の相談機関につながります。

いじめ相談ホットライン（東京都）

　24時間対応でいじめの相談を受けています。

よい子の電話教育相談（埼玉県）

　24時間対応で、いじめ以外にも不登校、学業、進路などの相談も対応しています。保護者用の電話番号もあります。

第4章　女性を支援する社会資源　⑤子育て

157

子どもと親のサポートセンター（千葉県）

　いじめ以外の相談も可能ですが、24時間対応はいじめの相談のみです。

いじめ110番（神奈川県）

　24時間対応でいじめの相談を受け付けています。

■ 非行など問題行動への支援

　各都道府県警察署では、少年や保護者を対象に非行や家出、いじめ等、少年問題に関する相談窓口を設けています。対面での相談のほか電話、ファクス、メール等、さまざまな方法での相談が可能です。

■ 不登校への支援

　いじめや集団にとけこめないなど、さまざまな理由から学校に行かない、行けなくなってしまった子どもが増えています。多くの子どもたちが学校に通学しているなかで、学校に行かないのは、子どもにとっても親にとっても苦しい状況です。しかし、不登校だからといって、即病気というわけではなく、無理をして学校に行くように促すのが最善の方法ではないこともあります。まずは本人が安心できる場所の確保が必要です。

　子どもが自分らしさを取り戻し、集団生活や教育を受ける機会として、学校以外の場を選択することもできます。

フリースクール・フリースペース

　不登校、中退、いじめに苦しんでいる、集団生活にうまくとけこめない、人前でうまくしゃべれない、日常生活が手につかない、などの悩みを抱える子どもたちが勉強したり、人とふれあったりする場所です。おおむね不登校中の小中学生、19歳までの子どもたちを対象としている

ところが多いです。

　管理的な教育ではなく、一人ひとりの自主性を重んじた自由教育のなかで、家に閉じこもったり、孤独になりがちだったりした子どもたちの居場所となります。自分が自分でいられるという安心を得ることで自信を持ち、自分に合った生き方を見つけていきます。

　高校生が利用する場合は、在籍している学校との相談で単位の振り替えが可能な場合もあります。

2 高校など教育にかかわるサポート

　高校には全日制だけでなく、さまざまな高校があります。

■ 定時制高校

　定時制高校はかつて、働きながら学ぶ人たちの高校でした。最近は、何らかの事情で中学時代にあまり学習ができなかった人たちが学んでいることも多く、クラスの単位が 20 〜 30 人と少人数のため、ていねいに自分の進度に合った学習ができます。

　開講している時間も学校によって異なりますが、昼間・夜間・昼夜併置など学ぶ時間を選択することができます。

■ 単位制高校

　単位制高等学校は、学年による教育課程の区分を設けず、決められた単位を修得すれば卒業が認められる高校です。自分の学習計画に基づいて、自分の興味、関心等に応じた科目を選択し学習できます。学年の区分がなく、自分のペースで学習に取り組むことができるのが特徴です。

■ 通信制高校

　通信制高校は、毎日学校に登校する必要はなく、主として自宅や学校が設置する学習センター、サポート校などで学ぶことができ、添削指導および面接指導（スクーリング）、試験によって単位を修得し、卒業要件を満たすことにより、高校を卒業することができます。

■ チャレンジスクール（東京都立）

　チャレンジスクールは、小・中学校での不登校や高校での中途退学を経験した人など、これまで能力や適正を十分発揮し切れなかった人が、自分の目標を見つけ、それに向かってチャレンジする目的で作られた高校です。自分の生活スタイルや学習ペースに合わせて各時間の部を選んで入学する定時制の高校です。時間の部は３部制で、単位取得制です。

　同様の趣旨で、大阪府立ではクリエイティブスクール、埼玉県立ではパレットスクールという名称で開校しています。

■ 高校認定試験（大検）

　高校認定試験は、高校に所属せずに認定試験を受けることで高校卒業の認定を受けるものです。これにより、大学などへ進学することが可能になります。認定試験は、独学で勉強する場合と予備校などに通う場合があります。

ここが Point!

施設や学校を選ぶ際には、本人が何をしたいか、何が適しているかをよく考え、周囲の人たちと話し合い、検討してもらうことが必要です。さらに、実際に見学して自分の目で見て確かめてもらうことが大切です。

■ NPO 法人フリースクール全国ネットワーク

　子ども中心の理念に立って運営するフリースクール、子どもの居場所、ホームエデュケーションネットワークなどの団体が連携・協力・交流し、新しい学びや成長の場を広げ、教育選択の多様化に取り組んでいます。フリースクールや不登校全般に関する電話相談も受け付けています。

> **NPO 法人フリースクール全国ネットワーク**
>   http://www.freeschoolnetwork.jp/

■ 学習支援ボランティア事業

　ひとり親家庭の子どもは、精神面や経済面で不安定な状況に置かれることにより、学習や進学の意欲が低下したり、十分な教育が受けられず、将来に不利益を与えかねなかったりします。学習支援ボランティア事業は、ひとり親家庭の子どもたちの勉強を教える、子どもたちから気軽に進学相談を受けるなど、大学生等のボランティアを無料で子どもの家庭に派遣する事業です。

※自治体により実施状況が異なります。詳しくは、区市町村のひとり親家庭支援の担当課にお問い合わせください。

3 健康問題や発育・発達問題への支援

■ 専門医療機関

　思春期の子どもの発育や健康について、公立・私立病院の精神神経科や心療内科、小児科等を中心に、専門外来を開設している医療機関があります。不登校や摂食障害などの思春期に生じる問題を扱っています。

その他、活用できる資源
- 保健所・保健センター …… (→ 131 頁)
- 精神保健福祉センター …… (→ 104 頁)

5 子育て
4 学費の援助がほしいとき

　子どもの教育には何かと費用がかかり、負担を感じる家庭も少なくありません。そして、一般的には小学校、中学校、高校、大学と、子どもの進学とともに教育費も増加していきます。子どもたちの教育が妨げられることのないよう、社会資源を活用しましょう。

1 就学への援助

■ 就学援助制度

　公立の小中学校に通う子どもを養育している保護者で、給食費や学用品費の支払いに困っている家庭に、その費用の一部を援助する制度です。生活保護を受給している世帯と、区市町村が定める所得基準以下の世帯が対象になります。所得基準や援助の金額・内容、方法などは区市町村によって異なります。

　就学援助は、主に給食費・学用品費・校外活動費・新入学児童生徒学用品費・修学旅行費になります。内容は区市町村により異なります。

■ 高等学校等就学支援金

　高校生が安心して勉学に打ち込めるようにするため、家庭の教育費の負担を国が支援する制度です。授業料に充てる高等学校等就学支援金は授業料に充てられ、貸与型の支給ではないため、返済の必要はありません。対象者は以下のとおりです。

・高等学校や専修学校高等課程等に在籍している人（高等学校をすでに卒業した人、在学した期間が36月を超えた人は対象外）
・日本に住所がある人

・決められた所得基準以下である世帯

支給額は、学校により異なります。授業料より支給額が高額の場合は、授業料を上限額として支給されます。

■ 受験生チャレンジ支援貸付事業（東京都）

一定所得以下の世帯の進学予定の中学3年生、高校3年生（それに準じる人）が利用する学習塾などの受講料や、高校・大学の受験料について貸付（無利子）を行う事業です。高校や大学等に入学した場合は、貸付金の返済が免除されます。

貸付資金には、対象となる学習塾等の費用、対象となる高等学校等の受験料、対象となる大学等の受験料の3種類があります。1人の子どもに対し複数年度にわたる利用はできません。中学3年生のときに貸付を受け、高校3年生で再度申し込むことは可能です。

ここが**P**oint!

私立高等学校、私立中等教育学校の後期課程、私立特別支援学校、国立・公立・私立高等専門学校、公立・私立専修学校、私立各種学校については、世帯の収入に応じて上記の支給額に加算して支給しています。また、各都道府県ごとに、授業料以外の費用（PTA 会費や修学旅行積立など）や、私立高校生に授業料の支援等を行っているところもあります。さまざまな支援制度があるので、よい方法を探っていくことが大切です。

2 奨学金制度

日本学生支援機構では、大学、短期大学、高等専門学校、専修学校（専門課程）、大学院で学ぶ人を対象とした奨学金の制度を設けています。これは国が実施する奨学金です。

奨学金は、給付型奨学金と貸与型奨学金があります。また、入学時の一時金として貸与する入学時特別増額貸与奨学金（利息付）があります。

Column

奨学金の落とし穴

日本は大学の学費が高いといわれています。親の平均給与が下がり、子の学費が大きな負担となって奨学金を利用する人は増加しています。貸与型奨学金は、卒業後に返還しなければなりません。しかし、借りた奨学金が高額な上、卒業後に思い描いたような正規雇用の職に就けず、奨学金の返済に追われて生活苦に陥る若者が増えています。奨学金の返還が滞ると、個人信用情報機関に登録されたり、クレジットカードの利用を制限されたりする可能性が出てきます。学費の相談があったときには、奨学金を借り過ぎないよう、さまざまな方法を相談者と一緒に検討すること、そして返済が困難との相談があったときは、日本学生支援機構に相談するよう働きかけることが重要です。

6 別居、離婚
1 別居、離婚したとき

　縁あって結婚しても、さまざまな事情から別居や離婚を選択することがあります。ここでは、別居や離婚に関する法制度を中心に説明します。

1 別居について

　結婚生活のなかでは、さまざまな出来事があります。夫婦仲がうまくいかなくなって離婚をしたいと思うことがあるかもしれません。
　でも、勢いで離婚を決断するのは得策とはいえません。離婚後の住まい、経済的なこと、仕事のことなど、離婚することで生活がどう変化するのか、日常の生活そのものをきちんと継続できるのか等をよく考え、配偶者と相談することも必要です。子どもがいるならば、なおさらです。親として、子どもの生活や心身に与える影響についても真剣に考えます。その時間を確保するために、まずは別居を選択するのも一つの方法です。

婚姻費用
　婚姻費用とは、結婚して夫婦が共同生活を営むのに必要な生活費（子どもの養育費を含む）のことです。夫婦は、経済力に応じてこの生活費を分担し合わなければなりません。夫婦が別居したときには、離婚するまでの間、夫婦のうち経済力が大きいほうがその配偶者に婚姻費用を支払うことになります。DV関係や内縁関係での別居の場合も同様です。

■ 婚姻費用の分担請求

　別居中の夫婦の間で、婚姻費用の分担について話し合いがまとまらない場合には、家庭裁判所に調停の申し立てをして、婚姻費用の分担を求めることができます。話し合いがまとまらず、調停が不成立になった場

合は、自動的に審判手続きが開始され、家事審判官（裁判官）が事情を考慮して審判することになります。また、不払いの場合、調停調書、審判書、公正証書があると、給料差押えなどの強制執行ができます。

2 離婚について

離婚とは、夫婦の生存中に法律上の婚姻関係を解消することです。離婚に進む場合に利用できる制度や相談窓口について紹介します。

養育費

養育費とは、子どもの衣食住や教育などのための費用で、子どもを実際に養育する親が養育していない親に請求できるものです。養育費の月額等は何かで規定されているわけではなく、夫婦の話し合いによって決めることになります。この養育費の基準となる「養育費算定基準表」を裁判所が公表していますので、参考にすることができます。

面会交流

別居中または離婚後に、子どもを養育・監護していないほうの親が子どもと面会等を行うことを面会交流といいます。離婚（別居）しても、子どもにとっては父であり母であることに変わりはありません。父母から愛されていると実感することによる安心感や自尊心を育て、健康的な社会人に成長するための子どもの権利として、面会交流の機会を保障していこうとの動きがあります。

ただし、DV当事者の場合は、相手に会いたくないし子どもにも会わせたくないという気持ちがあるため、困難な課題を抱えることになります。また、DVを目の当たりにしてきた子どもにとっては、別居親との交流がかえって恐怖を募らせるものになるおそれもあり、そのような場合は面会交流を行わない選択も必要です。

子どもの意思を尊重し面会交流を見送った場合は、その責任を子ども

に負わせない工夫が必要です。子どもが将来にわたって「自分は親を見捨てた」という罪悪感を持って悩み続けることがないように、できる限り「最終的な決定は親がした」という形にするべきといわれています。

■ 離婚手続き

離婚には、協議離婚、調停離婚、審判離婚、裁判離婚の大きく4つの種類があります。離婚の手続きと流れは別掲の通りです（図3）。

ここが**P**oint!

夫婦間にDV関係がある場合の調停申し立ての注意点です。申立書に申立人の住所を記載することが必要となりますが、そのことで申立人である被害者の住所が加害者に知られてしまうおそれもあります。そのため、裁判所や弁護士と相談の上、できるだけ相手方に住所が知られないような配慮を申し入れます。その他、調停の際に相手方と直接会わないような配慮をしてもらうことも可能です。

■ 家事手続案内（家事相談）

離婚を決意したけれど、夫と話し合いができず、今後どうやって動いたらよいかわからない、裁判所では何をしてくれるのかわからないという人は多いかもしれません。そのようなときに利用できるのが、家庭裁判所の「家事手続案内」です。以前は「家事相談」と呼ばれていました。

これは、家庭内や親族間の問題を解決するために家庭裁判所の手続を利用できるかどうか、利用できる場合はどのような申立てをすればよいか、必要な費用、申立書の記載方法や添付書類などを説明、案内してくれるものです。ただし、「慰謝料はいくらくらいもらえるか」「離婚したほうがよいか」といった法律相談や身上相談はできません。費用は無料、予約不要です。役所内で「家事相談」を行っている区市町村もあります。

図3 離婚の手続きと流れ

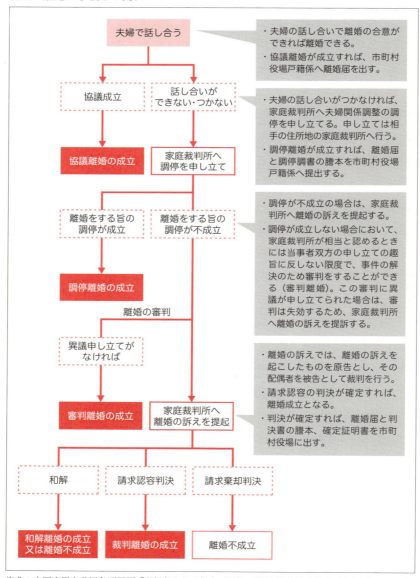

出典：内閣府男女共同参画局編『配偶者からの暴力 相談の手引』独立行政法人国立印刷局、2005年

■ 離婚届

　離婚を成立させるために届出するものです。協議離婚の場合は、届出をした日が離婚日になります。

■ 公正証書

　離婚することが決まり、夫婦間で話し合い養育費などの取り決めを行う場合は、その内容を明確にするため、文書にしておくことが必要です。できるだけ公正証書を作成することを勧めます。

　公正証書とは、法務大臣に任命された公証人（判事、検事、法務事務官の経験者）が作成する公文書です。金銭を支払う内容では、強制執行ができる旨の条項（強制執行承諾条項）を入れることにより、相手が支払いの約束を守らないとき、訴訟を起こさずに不動産や給与の差し押さえなどの強制執行が可能です。最寄りの公証役場が窓口となります。

3 養育費・面会交流に関する相談・支援

■ 母子家庭等就業・自立支援センター

　母子家庭の母や父子家庭の父に対して、自立に向けた就業相談・情報の提供などの就労支援サービス（就労に役立つ訓練校・講座・セミナー等の情報提供や、ハローワークの利用方法、応募書類の作成、面接の受け方のアドバイス、職業紹介等）、生活相談、養育費相談等を提供しています。面会交流に関する相談・支援を行っているところもあります（各自治体により支援内容は異なります）。

養育費相談支援センター

　養育費相談支援センターは、厚生労働省が公益社団法人家庭問題情報センターにその業務を委託しています。養育費や面会交流に関する当事者からの相談（電話・メール）に応じているほか、母子家庭等就業・自

立支援センターの相談員等を対象に研修をしたり、難しい事例の相談に応じたりしています。

公益社団法人家庭問題情報センター（FPIC えふぴっく）

　子育て、夫婦関係、離婚、介護、思春期、その他の家庭問題の相談に応じています。また、面会交流の支援として、父母が自分たちの力で面会交流を実施できないときや不安なときに、父・母・子の三者の間に入り、連絡調整や付き添いなどのさまざまな支援をしています。支援を受けるには、協議や調停で合意文書を作成する前に相談が必要です。

Column

養育費は誰のもの？

養育費を請求することは多くのエネルギーを必要とするかもしれません。でも、養育費を受け取ることは子どもの権利です。離婚後でも請求できますので、生活が落ち着いてきたら養育費の請求について動き出すようにしたいものです。まずは、養育費の相談窓口に相談することから始めることをお勧めします。

4 法律相談（弁護士への相談）

■ 区市町村の法律相談

　裁判・離婚・相続トラブル・多重債務などのさまざまな問題について、予約制・無料で法律相談ができます。居住地の区市町村が窓口です。

■ 法テラス（日本司法支援センター）

　総合法律支援法に基づき国が設置した機関です。法テラスコールセンターや全国にある法テラス事務所で、法的トラブルの解決に役立つ法制度や弁護士会、司法書士会等の相談窓口の紹介を行っています。

法的トラブルにどのように対処したらよいかわからないときや、弁護士に相談したいけれど、誰に頼んだらよいかわからないときなどに「道案内」をしてくれます。また、以下のような法律相談援助制度の窓口にもなっています。

民事法律扶助

　経済的に困っている人が法的トラブルに遭ったときに、民事裁判等の手続きに関する援助として、無料で法律相談（法律相談援助）を行い、必要な場合に法律の専門家を紹介し、弁護士・司法書士の費用（代理援助、書類作成援助）の立替えを行う制度です。

　刑事事件に関するものは対象になりません。立替費用は、原則として毎月割賦で返還をすることになります。また、収入等が一定額以下であるなど、利用要件があります。

犯罪被害者法律援助

　DV やストーカー行為などの犯罪行為を受けた人が、刑事裁判、行政手続き等を希望する際に、弁護士費用等を援助する制度です。収入等が一定額以下であるなど、利用要件があります。

■ 弁護士会の法律相談センター

　弁護士に相談したいときに、最寄りの弁護士会の法律相談センターへ連絡する方法もあります。無料相談ができる場合もあります。

女性弁護士

　女性のほうが話しやすいということで女性弁護士に相談したい人は、法テラスやその他の法律相談の窓口でそのように相談してみることをお勧めします。法テラスでは、事務所によっては女性弁護士の担当日の予約を取ることができます。

　また、日本女性法律家協会では、女性弁護士による法律相談を行って

います。ただし、弁護士と相談関係を築けるかどうかは性別だけで決まるものではありません。重要な問題を親身に考えて、解決に向けてともに動いてくれる人かどうかを考えてみる必要があります。

5 国際結婚への支援

■ ハーグ条約

日本では、1980年代後半から国際結婚が増加しています。そして、その結婚生活が破たんした際に、一方の親がもう一方の親の同意を得ることなく、子どもを自分の母国へ連れ出し、もう一方の親に面会させないといった「子どもの連れ去り」が問題視されるようになりました。

ハーグ条約とは、1980年にオランダのハーグ国際私法会議で策定され、1983年に発効した条約で、正式には「国際的な子の奪取の民事上の側面に関する条約」といいます。国境を越えた子どもの不法な連れ去り（例：一方の親の同意なく子どもを元の居住国から出国させる）や留置（例：一方の親の同意を得て一時帰国後、約束の期限を過ぎても子どもを元の居住国に戻さない）をめぐる紛争に対応するための国際的な枠組みとして、子どもを元の居住国に返還するための手続きや、国境を越えた親子の面会交流の実現のための締約国間の協力等について定めています。日本は、2014年にこのハーグ条約を締結しました。親が日本人同士の場合も対象となります。

日本国内で国境を越えた子どもの返還や面会交流を希望する場合は、外務省で援助申請を行うことになっています。

参考文献
山口恵美子『子どもが主人公の面会交流 離婚後も子どもの成長を支える父母からの贈り物』公益社団法人家庭問題情報センター、2012年

6 別居、離婚
2 ひとり親家庭の場合

　「ひとり親家庭」とは、母子家庭・父子家庭の総称で、家族の一つの形として位置づけられています。ひとり親家庭では、一人の親が就労と子育ての両方を担う生活形態となるため、その両立の困難性、経済的課題、病気になったときの問題など、多くの生活上の障害があります。

　それらの生活上の障害に対し、さまざまな福祉制度が設けられています。最近では、DVによりひとり親家庭になる家庭も多くなり、子どものケアも含めた心理・社会的、経済的な総合的支援が整いつつあります。ここでは、相談窓口や利用できる制度を紹介します。

1 生活上の困りごとが生じたとき

　困りごとや悩みを抱えているとき、誰かに相談することはエネルギーのいることかもしれません。しかし、思い切って一歩を踏み出してみることも必要です。

■ 福祉事務所

　区市町村の第一線で、福祉にかかわるサービスの調整を担っている窓口です。福祉事務所には生活保護の相談や、専門的立場から助言をする身体障害者福祉司、知的障害者福祉司、母子・父子自立支援員・婦人相談員などが配置されており、以下のような相談に応じています。

- ・経済的に困窮している人の相談
- ・児童、家庭の福祉についての相談
- ・障害者の福祉についての相談
- ・ひとり親家庭、女性福祉についての相談

・高齢者福祉についての相談

母子・父子自立支援員

　母子・父子自立支援員は、ひとり親家庭の人が抱えているさまざまな生活上の問題や仕事等について相談、支援を行っています。自治体によっては婦人相談員と兼務しています。

その他、活用できる資源

● 母子家庭等就業・自立支援センター ……（→ 169 頁）

ここが**P**oint!

福祉事務所は、区市町村によっては「保健福祉センター」など名称が異なっていたり、場所も役所内であったり独立した建物があったりなど、名称や形態がさまざまです。福祉事務所に相談したいことがあるときは、役所に「ひとり親家庭の制度について聞きたい」「子どもの学費について相談したい」などと具体的に伝え、窓口を確認しましょう。

2 ひとり親家庭の手当金

　ひとり親家庭の生活の安定と自立を促進し、児童の福祉の増進を図るため、手当金の制度があります。

■ 児童扶養手当

　ひとり親家庭等の父、母、養育者に支給される手当金です。所得制限があり、また所得金額によって支給額が異なります。

　対象者は、次のいずれかに該当する 18 歳に達した年度の 3 月 31 日までの間にある（一定の障害を有する場合には 20 歳未満）児童を養育しているひとり親家庭等の父、母、養育者です。

　1. 父母が離婚

2. 父または母が死亡

3. 父または母が重度の障害者

4. 父または母が生死不明

5. 父または母がDV保護命令を受けた

6. 父または母に1年以上遺棄されている

7. 父または母が1年以上拘禁されている

8. 婚姻によらないで生まれた

※この他、支給対象外の要件もあります。

■ 児童育成手当（東京都）

　ひとり親家庭等の父、母、養育者に支給される手当金です。所得制限があります。対象者は、児童扶養手当とほぼ同じ（障害を有する児童の規定はない）ですが、支給要件が異なります。支給額は、対象児童1人につき月額13,500円です。所得制限限度額を超える所得のある人には支給されません。

※東京都以外にも、独自のひとり親家庭に対する手当金制度を創設している自治体があります。

3 福祉資金の貸付

　低所得世帯やひとり親世帯等を対象として、国と自治体が連携して貸付を行い、経済的にサポートする制度です。

■ 母子父子寡婦福祉資金

　20歳未満の子どもを扶養している母子家庭の母または父子家庭の父、寡婦等を対象に、経済的に自立し安定した生活を送るために必要な資金を無利子または低利（年1%）で貸付ける制度です。寡婦福祉資金は、ひとり親家庭以外の配偶者のいない女性に対する福祉資金です。母子父

子寡婦それぞれにさらに要件があります。

　資金の内容は、事業開始資金・事業継続資金・技能取得資金・修業資金・就職支度資金・医療介護資金・生活資金・住宅資金・結婚資金・転宅資金・修学資金・就学支度資金の 12 資金です。

※多くの自治体では「母子父子寡婦福祉資金」という名称ですが、東京都では「母子及び父子福祉資金」と「女性福祉資金」に分かれています。

※貸付の内容・要件等は各自治体で異なります。

その他、活用できる資源

● 生活福祉資金 ……（→ 209 頁）
● 受験生チャレンジ支援貸付事業（東京都）……（→ 163 頁）

4　就労の支援

　ひとり親家庭にとって経済的自立は大きな課題です。個々の家庭の実情に応じたきめ細やかな就労支援が行える制度が設けられています。

■ 母子・父子自立支援プログラム策定事業

　母子・父子自立支援プログラム策定員が、児童扶養手当受給者（生活保護受給者を除く）の自立・就労支援のために、個々の状況やニーズに応じた自立支援プログラムを策定し支援します。必要に応じてハローワークとの連携のもとで支援を行います。母子・父子自立支援プログラム策定員は、母子・父子自立支援員と兼務していることがあります。

その他、活用できる資源

● マザーズハローワーク・マザーズコーナー ……（→ 108 頁・表 4）
● 母子家庭及び父子家庭自立支援教育訓練給付金 ……（→ 112 頁）
● 母子家庭及び父子家庭高等職業訓練給付金 ……（→ 112 頁）
● ひとり親家庭の母等の職業訓練 ……（→ 111 頁）

5 子育ての相談や支援

　一人で子育てをしていると、「子どもや自分が病気になったら……」や「自分がどうしても外出しなければいけないときはどうしよう」など、不安になることがさまざまあります。ひとり親が一人で抱え込まずに子育てができるように、さまざまな相談窓口やサービスがあります。

■ ひとり親家庭ホームヘルプサービス

　ひとり親家庭等で家事や育児など日常生活に困っている人に、ホームヘルパーを派遣する事業です。子どもの見守りや身の回りの世話、掃除、洗濯、食事の用意などを行います。対象は、次のいずれかに該当するひとり親家庭等です。

- ・ひとり親家庭となってから2年以内
- ・小学校3年生以下の子どもがいる
- ・ひとり親家庭の親または中学生以下の子どもが一時的な傷病である
- ・ひとり親家庭の親が親戚等の冠婚葬祭に出席する
- ・日常の家事および育児を行っている同居の祖父母等が一時的な傷病である
- ・ひとり親家庭の親が技能習得のための通学、就職活動、学校の公式行事へ参加する

※所得に応じて費用負担があります。
※対象者、派遣内容、回数、利用料などは自治体により異なります。実施していない自治体もあります。

その他、活用できる資源

- ● ショートステイ ……（→ 146 頁）
- ● 一時保育 ……（→ 145 頁）
- ● ファミリーサポートセンター ……（→ 147 頁）
- ● 子ども家庭支援センター・子育て支援センター ……（→ 149 頁）

第4章　女性を支援する社会資源　6 別居、離婚

177

- 保健所・保健センター …… (→ 131 頁)
- 児童相談所 …… (→ 148 頁)
- こども医療でんわ相談 …… (→ 150 頁)
- ひとり親家庭等医療費助成 …… (→ 187 頁)
- 病児・病後児保育 …… (→ 144 頁)
- 保育所 …… (→ 144 頁・表 5)
- 家庭保育室（保育ママ）…… (→ 144 頁・表 5)
- 民間の病児・病後児保育 …… (→ 145 頁)

6 ひとり親家庭の学習支援

■ 高等学校卒業程度認定試験合格支援事業

　高卒認定試験合格のための講座（通信講座を含む）を受け、これを修了した際に、受講修了時給付金として、対象講座の受講のために支払った費用の 20％（上限 10 万円）が支給されるものです。また、合格時給付金として、試験に合格した場合に、対象講座の受講のために支払った費用の 40％（受講修了時給付金と合格時給付金の支給額の合計額は上限 15 万円）を支給されます。

　対象は、ひとり親家庭の親および子どもで、次の要件を満たす人です。

　・児童扶養手当の支給を受けている、または同等の所得水準にある

　・支給を受けようとする人の就業経験、技能、資格の取得状況や労働市場の状況から判断して、高卒認定試験に合格することが適職に就くために必要であると認められる

※高等学校卒業者及び大学入学資格検定・高卒認定試験合格者など、すでに大学入学資格を取得している人は対象になりません。
※自治体により実施状況は異なります。

| その他、活用できる資源 |

- 学習支援ボランティア事業 …… (→ 161 頁)

- 就学援助制度 ……（→ 162 頁）
- 高等学校等就学支援金 ……（→ 162 頁）
- 受験生チャレンジ支援貸付事業（東京都）……（→ 163 頁）

7 住まいの支援

　ひとり親家庭の母や父が何らかの理由で転居を考えたときには、敷金・礼金・保証人・家探しなどで困難が生じることがあります。少しでも負担を減らしてスムーズに転居できることで、自立し安定した生活へつながっていきます。

■ 公営住宅の優遇

　公営住宅は、所得が一定基準内で住宅に困っている人を対象に、低額な家賃で住宅を提供しています。ひとり親世帯や DV 被害者世帯等の人には、一般の申込者よりも当選率の高くなる優遇を行っています。

■ 母子生活支援施設

　18 歳未満の子ども（特別な事情がある場合は満 20 歳まで入所可能）を育てている母子家庭の母が、生活上のさまざまな問題のため子どもの養育が十分にできない場合に、子どもと一緒に入所できる施設です。この施設には、職業、育児などを相談できる職員がいます。

その他、活用できる資源
- 住居探しの支援 ……（→ 210 頁）

7 病気や障害
1 病気や障害について相談したいとき

　病気になったりけがを負ったりして治療することは、本人だけでなく家族全体の生活を変える出来事になることがあります。家族のなかで、家事や育児、介護、家族の健康管理などの役割を担うことの多い女性が療養することになったら、なおさらです。療養中は病状のことだけでなく、医療費のことや退院後の生活のことなど、さまざまな不安が出てきます。ここでは、病気や障害の状態になったときに利用できる相談窓口や社会資源を紹介します。

1 医療を取り巻く環境と相談の窓口

　20〜30年前まで、病院は患者、家族が納得するまで長期で入院し、療養することができました。その結果、国が負担する医療費が膨大になったため、現在は病院の在院日数は短くなり、家族の負担が増えることになりました。

　そのため、患者、家族が安心して療養生活が送れるよう、適切な医療が受けられるよう病院の機能分化を進め、病院で治療を完結するのではなく、地域で治療し支える地域完結型の医療を推し進めています。

■ 医療機関内の相談窓口

　病院には、患者や家族の生活上の相談にのる医療ソーシャルワーカーが医療相談室に配置されています。そのほか、がん相談、栄養相談、薬の相談などの窓口が設置されている医療機関もあります。皮膚や排泄のケア、糖尿病看護などの認定看護師による相談を受けられる病院もあります。相談内容により、窓口を活用することができます。

■ 難病相談・支援センター

各都道府県に設置されています。難病についての療養相談や専門医による医療相談会を開催しています。難病に関する資料閲覧が可能な施設もあります。また、同じ病気を抱えた患者同士の交流と情報交換を目的とした交流会を開催しています。

■ がん相談支援センター

主に、がん診療連携拠点病院などに設置されており、がんに関する相談に無料で応じています。相談内容はさまざまで、治療方法や副作用、医療者とのコミュニケーション方法、経済的負担、支援や療養生活に関する疑問や不安のほか、家族としてのかかわり方など家族相談にも応じています。

■ 認知症疾患医療センター

認知症の専門医療相談、行動・心理症状への対応、診断、地域連携の推進などを実施している医療機関です。

各センターには、認知症に関する専門知識を有するソーシャルワーカー（精神保健福祉士等）が配置され、本人、家族、関係機関からの認知症に関する医療相談や、状況に応じて適切な医療機関等の紹介を行います。

■ 患者会・家族会

同じ病気を患った患者同士の語らいや情報共有の場として、患者会があります。また、家族としての対応のコツや使える社会資源の情報共有、悩みなどをわかち合う場として、家族会もあります。

■ 心身障害者福祉センター

　障害者の相談援助や、社会生活をスムーズに営むための機能回復訓練、スポーツ・レクリエーション、施設提供等を行い、障害者の社会参加と自立を促進することを目的とした施設です。区市町村により、名称や事業内容は異なります。

その他、活用できる資源

● 福祉事務所 ……（→ 173 頁、212 頁）
● 精神保健福祉センター ……（→ 104 頁）
● 発達障害者支援センター ……（→ 149 頁）

7 病気や障害
2 医療が必要なとき

　病気や障害をもったとき、さまざまな場面で医療に関する支援が必要になってきます。医療費に関するさまざまな制度をみていきます。

1 医療保険の活用

　日本の医療保険は、1961（昭和36）年に国民皆保険制度が整備され、誰でも、いつでも、どこでも、軽い医療費負担で医療が受けられるようになりました。

　医療保険の給付は、かかった医療費の通常3割負担で医療を受けることができる療養の給付や入院時の食事代などの現物給付と、傷病手当金（121頁）、出産育児一時金（135頁）、亡くなったときの埋葬料などの現金給付があります。

■ 高額療養費

　同一月（1日から月末まで）に健康保険を使って支払った医療費のうち、入院時の食事代や差額ベッド代等を除いた金額が自己負担限度額を超えた場合に、超えた部分が高額療養費として3〜4か月後に戻ってきます。自己負担限度額は、健康保険の加入世帯の前年度の所得と医療費により異なります。

　支払った医療費が、同一世帯で同月内に21,000円を超える負担が複数ある場合には、合算して自己負担限度額を超えた部分が戻ります。また、同一世帯で1年間に3回以上高額療養費の支給を受けている場合は、4回目から1か月の自己負担限度額が抑えられます。

表6 高額療養費の自己負担限度額

	所得区分	自己負担限度額	4回目からの金額
ア	年収約1,160万円～	252,600円＋(総医療費－842,000円)×1%	140,100円
イ	年収約770万円～約1,160万円	167,400円＋(総医療費－558,000円)×1%	93,000円
ウ	年収約370万円～約770万円	80,100円＋(総医療費－267,000円)×1%	44,400円
エ	～年収約370万円	57,600円	44,400円
オ	住民税非課税者	35,400円	24,600円

※総医療費とは、保険適用される診察費用の総額（10割）のこと

図4 請求額が30万円で所得区分ウの場合

自己負担限度額：80,100円＋(100万円－267,000円)×1%＝87,430円

限度額適用認定証および限度額適用・標準負担額減額認定証

　限度額適用認定証（所得区分ア～エ）または限度額適用・標準負担額減額認定証（所得区分オ）を病院で提示すると、支払う医療費が自己負担限度額のみになります。所得区分オの人は、入院時の食事代の減額も受けられます。

　認定証の交付を受けるためには、事前に申請が必要で、申請月の1日から適用になります。この制度は、保険料の滞納があると利用できないため、他の方法がないか相談してみましょう。

■ 70歳以上の人の医療費

70歳から74歳までの人が対象の高齢受給者証、75歳以上の人が対象の後期高齢者医療制度があります。所得に応じて、自己負担限度額、負担割合が異なります。また、同一世帯で1年間に3回以上自己負担限度額を超える月がある場合は、4回目から1か月の自己負担限度額が抑えられます。

高齢受給者証は、加入している医療保険から交付され、75歳になると今まで加入していた医療保険を脱退し、新たに後期高齢者医療制度に加入することになります。後期高齢者医療制度は、65〜74歳で一定以上の障害がある人も加入できます。

限度額適用認定証および限度額適用・標準負担額減額認定証

現役並み所得Ⅰ・Ⅱの人は限度額適用認定証、低所得Ⅰ、Ⅱの人は、限度額適用・標準負担減額認定証の手続きをすると、病院での医療費の支払いが表7の自己負担限度額に抑えることができます。低所得Ⅰ、Ⅱの人は、入院時の食事代の減額も受けられます。現役並み所得Ⅲと一般世帯の人は、手続きをしなくても、表7の自己負担限度額になります。

表7　高額療養費の自己負担限度額

所得区分		負担割合	外来＋入院（世帯）	多数回
現役並み所得	Ⅲ	3割	252,600円＋（総医療費−842,000円）×1%	140,100円
	Ⅱ		167,400円＋（総医療費−558,000円）×1%	93,000円
	Ⅰ		80,100円＋（総医療費−267,000円）×1%	44,400円

所得区分		負担割合	外来（個人）	外来＋入院（世帯）	多数回
一般		1割※1	18,000円※2	57,600円	44,400円
低所得	Ⅱ		8,000円	24,600円	なし
	Ⅰ			15,000円	

※1　平成26年4月1日までに70歳に達している人は1割

※2　1年間のうち一般区分又は住民税非課税区分であった月の外来の自己負担額の合計額について、144,000円の上限を設ける

高額医療・高額介護合算制度

　世帯内の同一の医療保険の加入者について、前年8月から本年の7月までの1年間にかかった医療保険と介護保険の自己負担の合計額が、限度額を超えた場合に、限度額を超えた金額を、医療保険と介護保険それぞれの制度から払い戻す仕組みです。限度額は世帯員の年齢構成や所得区分に応じて設定されています。

2 医療費の助成、負担軽減

■ 一般不妊治療費助成

　不妊に悩む夫婦に対し、不妊検査及び薬物療法や人工授精等の一般不妊治療にかかる費用（特定不妊治療は対象外）の一部を助成している自治体があります。助成制度の有無、助成内容、対象者、所得制限の有無などは自治体によって異なります。

■ 特定不妊治療費助成

　子どもの出生を望んでいるのに、妊娠の見込みがないか見込みが薄いと診断されている法律上の夫婦に、特定不妊治療（体外受精及び顕微授精）、男性不妊治療の治療費の一部を助成する制度です。

　治療を受ける病院や妻の年齢、世帯の所得などに制限があります。また、助成内容は都道府県によって異なり、区市町村によっては都道府県の助成内容に上乗せして助成を行っている場合があります。

■ 妊娠高血圧症候群等の医療費助成

　妊娠高血圧症候群およびその関連疾患、糖尿病、貧血、産科出血および心疾患にかかっている妊婦が、入院治療が必要になった場合、入院中にかかる医療費の自己負担分が助成されることがあります。都道府県ご

とに助成内容、認定基準、所得制限の有無などが異なります。

■ 養育医療

出生体重が2,000グラム以下や身体の機能が未発達の状態で生まれ、入院養育が必要な乳児に、医療費を助成する制度です。養育医療の給付を受けることができるのは、全国の指定された医療機関での治療に限られます。

■ 子どもの医療費助成

子どもの医療費を助成する制度です。対象者は健康保険に加入している子どもになりますが、区市町村によって、所得制限の内容、医療費助成の対象年齢、助成内容などが異なります。区市町村によっては、就学前の医療費助成を「乳幼児医療費助成制度」、就学後の医療費助成を「義務教育就学時医療費助成」と分けているところもあります。

■ ひとり親家庭等医療費助成

ひとり親家庭などに対して、医療費を助成する制度です。親と子、両方の医療費を助成します。子どもが18歳に達した日の属する年度の末日（障害がある場合は20歳未満）まで、親も子も医療費助成の対象になります。区市町村によって、所得制限の内容や助成内容が異なります。

■ 小児慢性特定疾病医療費助成

長期的に治療が必要で、医療費負担が高額になる小児慢性特定疾患の18歳未満の児童に対し、医療費の一部を助成する制度です。継続して治療が必要な場合は、20歳になる前日まで延長して助成が受けられます。

この制度を利用すると、医療保険の負担が2割負担になり、世帯の所得に応じて医療費の1か月の自己負担上限額が設定されます。対象疾患は、区市町村の保健所・保健センター、小児慢性疾患情報センターのホームページなどで確認できます。

■ 難病医療費助成

　原因不明で治療法が確立していない難病のうち、厚生労働大臣が定める疾病を「指定難病」といいます。指定難病は、治療が困難で、医療費も高額になるため、医療費の負担軽減のために、一定の認定基準を満たしている方に対して治療費の一部を助成しています。

　この制度を利用すると、医療保険の負担が2割負担になり、世帯の所得に応じて医療費の1か月の自己負担上限額が設定されます。対象疾患は、区市町村の保健所・保健センターや厚生労働省のホームページで確認できます。

■ 重度心身障害者医療費助成

　重度の障害のある人が、医療機関を受診したときにかかる医療費（食事代・室料差額・自費分を除く）を助成する制度です。対象者、年齢制限、所得制限の有無、助成内容等は区市町村によって異なります。

■ 自立支援医療

　心身の障害を改善・軽減するために治療を受けたとき、その医療費の自己負担額を軽減する制度です。精神通院医療、更生医療、育成医療の3つがあります。医療保険の負担が原則1割になり、世帯の所得や病状によって1か月の自己負担限度額が決まります。

精神通院医療

　精神疾患で、通院医療が継続的に必要な人の医療費が助成される制度です。この制度は通院医療費だけでなく、往診、精神科デイ・ケア、訪問看護、薬局の費用なども対象になります。自治体によっては自己負担をさらに軽減している場合もあります。有効期間は1年です。

更生医療

　18歳以上の身体障害者手帳を持っている人が、手術によって障害を軽くしたり取り除いたりできる場合、その医療費の一部を助成する制度です。入院時食事療養費は助成の対象になりません。

育成医療

　満18歳未満で身体に障害を有する児童や、将来障害をもつおそれのある児童が、手術などによりその障害の改善が見込まれる場合、医療費の一部を助成する制度です。入院時食事療養費は助成の対象になりません。窓口は区市町村によって異なり、障害福祉や子育て支援の係が多いようです。

その他、活用できる資源

● 入院助産 ……（→ 133 頁）

7 病気や障害
3 障害の状態になったとき

　病気やけがにより障害の状態になったときに利用できる制度、社会資源をみていきます。

1 障害者総合支援法

　障害者総合支援法（障害者の日常生活及び社会生活を総合的に支援するための法律）では、障害の種別に関係なく、共通の福祉サービスを所得に応じた負担で利用できるようになりました。難病や発達障害の人も対象になります。サービスについては、それぞれの生活のしづらさに合わせたサービス利用となるよう、障害認定区分を設定しています。
　対象者は、以下のとおりです。
　・障害者手帳（身体障害者手帳・療育手帳・精神障害者保健福祉手帳）を取得している人
　・知的障害の判定や評価を受けている人
　・精神障害の診断を受けている人
　・国が定める難病の診断を受けている人

サービス内容
　全国一律の自立支援給付と地域生活支援事業に分けられます。訪問や通所・入所サービス、就労支援などを行う自立支援給付は、介護給付、訓練等給付、自立支援医療（188頁）、補装具の給付などに区分されます。地域生活支援事業は、地域の実情に応じてサービスが提供されています。

利用の流れ
　サービスを利用するためには申請が必要になります。介護給付を希望

する場合は、調査や判定を受けてからサービス利用の決定になります。訓練等給付や地域生活支援事業を希望する場合は、申請後、調査や判定がなく決定になります。費用は原則1割負担ですが、所得に応じて上限額が決められています。ただし自治体によっては独自に負担減額を行っているところもあります。

2 障害者手帳

身体障害者手帳、療育手帳、精神障害者保健福祉手帳の3種類があります。

■ 身体障害者手帳

視覚、聴覚・平衡機能、音声・言語・そしゃく機能、肢体不自由、内部機能に、一定以上の障害を有する場合に交付されます。身体障害者手帳は病名で判断するのではなく、病気やけがの結果としての障害や生活のしづらさ等で認定します。申請時には、指定医に診断書を記載してもらうか、更生相談所で判定を受けます。

■ 療育手帳

知的障害のある人が、一貫した療育・援護や福祉サービス等を受けやすくするために交付されるものです。療育手帳は、都道府県がそれぞれの制度で手帳を発行しているため、名称や等級の表記の仕方が異なります。取得するためには、18歳未満の人は児童相談所、18歳以上の人は知的障害者更生相談所で判定を受けます。

■ 精神障害者保健福祉手帳

一定の精神障害を有する人に、申請により交付されるものです。対象

第4章 女性を支援する社会資源 7 病気や障害

191

となる疾患は、統合失調症やうつ病をはじめ、てんかん、認知症、高次脳機能障害、発達障害なども含みます。申請は、初診日から6か月が経過していないとできません。また、精神障害は、症状の変化のある人が多いため、2年ごとに更新があります。

手帳を取得したときに利用できる主なサービス

利用できるサービスは、取得している手帳の種類や等級、区市町村によって異なります。主なサービスとして、税金の控除、減免、交通機関の料金割引、公立施設の利用料の割引、駐車禁止規制からの除外措置、生活保護の障害者加算、携帯電話料金の割引、医療費の助成、障害者求人への応募などがあります。

ここが**P**oint!

精神障害者保健福祉手帳の申請時には、所定の様式の診断書が必要になりますが、精神障害を事由とする障害年金または特別障害給付金を受給している人は、年金証書の写しや特別障害給付金受給資格者証の写しを添付することで、診断書を準備することなく、申請することができます。

3 障害年金

病気やけがによる障害により、日常生活に制限を受けている人への経済保障です。障害の状態になれば誰でも障害年金を受け取れるわけではなく、年金保険料の支払いが一定期間されていることや、決められた障害の程度（等級）に該当することが要件となります。障害者手帳も等級があるため混同されることがありますが、異なる制度です。要件や手続きが複雑ですが、根気強く進めていくことが大切です。

受給要件

障害の原因となった病気やけがの初診日の時点で、以下の要件を満たしている必要があります。

- ・国民年金、厚生年金の被保険者である
- ・保険料の納付要件を満たしている
- ・障害の状態が障害認定日※、または初診日が20歳未満の場合は20歳時点で決められた障害の程度（等級）に該当する

※障害認定日とは、障害の状態を定める日のことで、障害の原因となった病気やけがについての初診日から1年6か月を過ぎた日、または1年6か月以内にその病気やけがが治った場合（症状が固定した場合）はその日をいいます。

保険料納付要件

以下のいずれかを満たしていることが必要です。

- ・初診日のある月の前々月までの公的年金の加入期間の3分の2以上の期間について、保険料が納付または免除されている
- ・初診日に65歳未満で、初診日のある月の前々月までの1年間に保険料の未納がない

納付要件は、初診日の前日でみます。したがって、初診日前日までの滞納（納付が遅れた）期間については、初診日以降に納付しても障害年金の納付要件をみるときには反映されません。

遡及請求、事後重症請求

障害認定日に障害年金の受給要件を満たしていたが、何らかの理由で障害年金の請求をしなかった場合、遡及請求をすることができます。この場合、遡及可能な期間は5年間です。また、障害認定日には決められた障害の程度に該当せず、その後症状が悪化し、決められた障害の程度に該当したときには、事後重症として障害年金の請求ができます。

ここが **P**oint!

年金の申請は複雑な上、発症時から現在に至るまでの経過について整理する必要があります。病気や障害のある相談者がさまざまなことを確認したり整理したりすることは、大変な作業です。以下のことを、相談者と一緒に整理しておくと、窓口での相談が比較的スムーズにいくでしょう。
・発症時の状態
・具合が悪くなってから最初に受診した医療機関と診療科
・初診日と障害認定日
・障害認定日にかかっていた医療機関

4 各種の手当

■ 障害者手帳取得者の手当

　多くの区市町村では、心身に重度の障害を持つ人に手当金を支給しています。手当金の名称、対象者、手当額、所得制限の有無などは区市町村によって異なります。「心身障害者福祉手当」「重度心身障害者福祉手当」という名称のところが多いようです。

■ 特別障害者手当

　重度の障害により、日常生活において常時特別の介護を要する20歳以上の人が対象になります。所得制限があります。

■ 難病の人への手当

　多くの区市町村で、国や都道府県が指定した特定疾病で、難病医療費助成、小児慢性特定疾病医療費助成を受けている人に手当金を支給しています。手当金の名称、対象者、手当額、所得制限の有無などは、区市

町村によって異なります。

ここが**P**oint!

手当金は、各都道府県や各区市町村が独自で支給しているものがあります。障害者福祉の窓口でよく確認することが大切です。

第**4**章 女性を支援する社会資源 **7** 病気や障害

195

8 高齢
1 高齢になったとき

　ここでは、高齢になったときに活用できる資源について紹介します。介護保険制度、権利を守るための制度、お金に関する制度をまとめました。その他、介護の有無にかかわらず、老年期に利用できる住まいについて紹介します。

1 相談窓口

■ 地域包括支援センター

　高齢者が住み慣れた地域で安心して生活できるよう、介護、保健、福祉などさまざまな面から総合的に支援するために設置された相談窓口です。主任ケアマネジャー、社会福祉士、保健師の専門職が配置され、介護保険の申請手続きや、地域独自のサービスについての情報提供や相談にも応じます。

　地域包括支援センターは、地域ごとに設置されています。地域によって名称はさまざまで、「高齢者相談センター」や「高齢者あんしんセンター」などといった呼び名のところもあります。開所時間はセンターごとに異なりますが、土曜日に開所しているところもあります。相談費用は無料です。訪問による相談も行っています。

　担当の地域包括支援センターの情報は、区市町村の高齢者福祉の担当課（介護保険課等）で確認できます。

■ 社会福祉協議会

　住民が安心して生活できる地域づくりを担う非営利の民間組織です。国、都道府県、区市町村に設置されています。各区市町村の社会福祉協

議会は、経済的に生活が厳しい状況になった際に、低利子で貸し付けを行う「生活資金貸付」の相談窓口になっています。また、成年後見制度や日常生活自立支援事業などの相談窓口でもあります。ボランティアの登録や派遣依頼をする窓口としても機能しています。

■ 民生委員

民生委員は、厚生労働大臣からの委嘱を受けたボランティアの地方公務員です。単身の高齢者や障害のある人などからのさまざまな相談に応じ、必要時には関係機関へつなぐ役割を果たします。地域ごとに担当者が決められています。

■ 消費生活センター

商品やサービスなど消費生活全般に関する苦情や問い合わせなど、消費者からの相談を専門の相談員が受け付け、公正な立場で対処し、課題解決を支援する機関です。

心当たりのない請求書が自宅に届いたり、オレオレ詐欺など振り込め詐欺被害の心配があったりするとき、訪問販売への対応に困っているときなどに活用できます。原則、都道府県や区市町村ごとに設置されており、居住地の消費生活センターに相談することになります。消費者ホットライン（局番なしの188）では、近くの消費生活センターを調べることができます。

その他、活用できる資源

- 福祉事務所 ……（→ 173 頁、212 頁）
- 認知症疾患医療センター ……（→ 181 頁）

2 介護保険制度

　介護保険は病気やけが、加齢によって介護を必要とする状態になった時に、介護サービスを利用するための制度です。要介護認定を受けることにより、必要なサービスを所得に応じて1割から3割の負担で利用することができます。

　被保険者は、65歳以上の人（第1号被保険者）と、40歳から64歳までの医療保険加入者（第2号被保険者）です。第1号被保険者は、原因を問わずに要介護認定または要支援認定を受けたときに介護サービスを受けることができます。第2号被保険者は、加齢に伴う疾病（特定疾病*）が原因で介護や支援が必要と認定されたときにサービスを受けることができます。

*特定疾病

がん【がん末期】／関節リウマチ／筋萎縮性側索硬化症／後縦靭帯骨化症／骨折を伴う骨粗鬆症／初老期における認知症／進行性核上性麻痺・大脳皮質基底核変性症及びパーキンソン病【パーキンソン病関連疾患／脊髄小脳変性症／脊柱管狭窄症／早老症／多系統萎縮症／糖尿病性神経障害、糖尿病性腎症及び糖尿病性網膜症／脳血管疾患／閉塞性動脈硬化症／慢性閉塞性肺疾患／両側の膝関節又は股関節に著しい変形を伴う変形性関節症

ここが **P**oint!

健康保険は手元に「保険証」があるので、自分が健康保険に加入していることや、保険証を利用して病院に受診することを身近に感じることができます。しかし、介護保険は40歳で加入しても手元に「介護保険証」は届きません。介護保険証が届くのは65歳になるときです。そのため、40歳から加入していても、65歳以前は利用できることが忘れられがちです。上記の特定疾患に該当し、サポートが必要と感じられたときは、介護保険に関する情報提供をしてみましょう。

サービス利用までの流れ

　介護保険サービスの利用を希望する際には、まず、区市町村の介護保

険課、あるいは地域包括支援センターにて申請手続きを行います。申請には、申請書、介護保険証が必要です。40 ～ 64 歳の人は、申請書と健康保険証が必要です。主治医の名前、病院名がわかるものがあると申請書記載に役立ちます。

　申請すると、訪問による認定調査と主治医意見書作成が行われます。その内容をもとに要介護認定が行われ、要支援の人には予防給付、要介護の人には介護給付としてサービスが提供されます。

　介護保険サービスは、ケアプランに沿って提供されます。ケアプランとは、その人の生活を支えるための支援計画です。要介護認定の結果をふまえ、本人がどのように生活したいのかという意向に基づき、ケアマネジャーがケアプランを作成し、サービス提供事業者との契約により、サービスが開始されます。

利用できるサービス

　介護保険で利用できるサービスは、主に、在宅系サービスと施設系サービスとに分けられます。

　在宅系サービスには、訪問介護など自宅にスタッフが訪問するサービス、通所介護など利用者本人が出かけていく日帰りサービス、福祉用具貸与など在宅生活を続けていくために住環境を改善するためのサービスなどがあります。施設系サービスには、介護老人福祉施設（特別養護老人ホーム）や介護老人保健施設、介護療養型医療施設があります。

　そのほか、小規模多機能型居宅介護や認知症対応型共同生活介護（グループホーム）など、対象者をその地域に生活する人に限定した地域密着型サービスがあります。

ここが**P**oint!

介護保険サービスの詳しい内容については、都道府県や各区市町村が
「介護保険の手引き」など、一般市民向けの冊子や手引きを作成してい
ることがあります。詳細は、それらの手引きを参考にしましょう。

■ 高額介護サービス費

　サービスを利用するときに支払う利用者負担には、世帯の所得等に応
じて月の負担上限額が設定されています。1か月に支払った利用者負担
の合計が負担上限額を超えた場合に、申請により超えた分が払い戻され
ます。

　その他、活用できる資源
● 高額医療・高額介護合算制度 ……（→ 186 頁）

3 権利を守るための制度

　高齢になると、自身の資産や権利を守る方法を考えることも必要にな
ります。ここでは、成年後見制度と日常生活自立支援事業について紹介
します。

■ 成年後見制度

　認知症や知的障害者、精神障害者など、判断能力が十分でない人を対
象に後見人等を選任し、本人の意思決定を助けながら、本人を保護する
ための制度です。成年後見制度は、「法定後見制度」と「任意後見制度」
の2つがあります。

法定後見制度

　法律の定めによる制度で、判断能力の状況に応じて成年後見人等（後

見人、保佐人、補助人）を選任します。本人の利益を考え、類型に応じて本人の代理で契約をしたり不利益な法律行為を取り消したりします。

任意後見制度

　本人との契約による制度で、本人に十分な判断能力があるうちに、今後、判断能力が不十分になったとき支援を依頼する「代理人（任意後見人）」と、「代理でお願いする事柄の範囲」とを定めておくものです。公証人の作成する公正証書を作成しで契約を結びます。認知症の進行などにより、実際に支援が必要になった場合に、家庭裁判所に任意後見監督人が選任の申し立てをすることで、支援が開始されます。

　成年後見人等の役割は、「財産管理」と「身上監護」です。「財産管理」とは、本人の財産の維持・管理を目的とする行為です。「身上監護」とは、本人に必要な衣食住等の生活に関する手配や療養・介護の手配など本人の身上に関するすべてを支援する行為です。

（財産管理が必要な例）

　　・親が死亡した精神障害者が、相続や預貯金の管理に困っている。

　　・認知症高齢者が、悪徳商法の被害に遭っている。

（身上監護が必要な例）

　　・身寄りのない認知症高齢者が、介護保険サービスを利用することになり契約手続きが必要になった。

　制度の相談窓口は、社会福祉協議会や地域包括支援センター、法テラスなどです。

ここが Point!

2019年4月、成年後見制度申し立てのための診断書の書式が改定されました。同時に、福祉関係者が把握している本人の生活状況等に関する情報を伝えるため「本人情報シート」の書式が作成され、診断書作成時や審理の際に活用されることとなりました。「本人情報シート」の作

成は、その人にかかわっているソーシャルワーカーが記載することが想定されています。記載の方法等、家庭裁判所の手引きを確認してみましょう。

■ 日常生活自立支援事業

　一人では福祉サービスの契約手続きや金銭管理に不安がある人に対して、社会福祉協議会等の職員が定期的に訪問し、相談に応じ、契約や金銭管理のサポートをする制度です。具体的には、福祉サービスの利用援助、契約や行政手続きの支援、日常的な金銭管理、預金通帳の預かりなどを行っています。

　相談窓口は各区市町村の社会福祉協議会です。相談や支援計画の作成にかかる費用は無料です。福祉サービス利用手続き、金銭管理などのサービスを利用する際には利用料がかかります。生活保護受給者世帯には、利用料の助成があります。

ここが Point!

成年後見制度と日常生活自立支援事業との違い

2つの制度はよく似ており、使い分けに迷うことがあります。
成年後見制度は、支援する範囲が法律行為全般におよびます。自身の財産を適切に管理することが難しい場合に利用することになります。本人以外が必要性を感じ、申し立てをすることも少なくありません。一方、日常生活自立支援事業は、本人との契約が原則で、日常生活の支援に限定されます。基本的に、本人が意思決定できることが制度利用の前提になります。判断能力が十分ではない場合には、成年後見制度の利用を考えることになります。
どちらの制度を利用するかについては、必要としている支援の範囲がどの程度なのか、本人との契約が成立する状態なのかがポイントです。詳しくは社会福祉協議会の権利擁護センターなどに相談してみましょう。

4 老齢年金制度

　老後の生活を保障するための年金が老齢年金です。老齢年金には国民年金の「老齢基礎年金」と厚生年金の「老齢厚生年金」があり、その加入内容によって受給できる年金や金額が変わってきます（共済年金は2015（平成27）年10月に厚生年金に統一されました）。

■ 老齢基礎年金

　国民年金保険料納付済期間と免除期間、合算対象期間（カラ期間）の合計期間（受給資格期間）が10年以上ある場合に、原則65歳から受給できます。受給金額は保険料を納めた期間等によって異なります。40年間納付した人には満額支給されます。60歳から減額して早くに受け取る繰上げ受給や、70歳まで受給を待って増額した金額を受け取る繰下げ受給もあります。

ここが Point!

> 2017（平成29）年8月分から、老齢基礎年金を受け取るために必要な受給資格期間が、これまでの25年から10年に短縮されました。期間が足りずに受給をあきらめていた人も年金を受け取れる可能性が出てきます。支給額は受給資格期間によって変わります。詳しくは、年金事務所にお問い合わせください。

■ 老齢厚生年金

　厚生年金の被保険者期間があり、老齢基礎年金を受けるために必要な資格期間を満たした人が65歳になったときに、老齢基礎年金に上乗せして支給されます。年齢等に応じて受給金額は減額されますが、60歳代前半から受給することも可能になりました（繰上げ請求）。

第4章　女性を支援する社会資源　8高齢

> ## Column
>
> ### 受給する年金を選ぶとき
>
> 障害年金や遺族年金を受給している人に老齢年金の受給資格が発生した場合、支給事由の異なる2種類の年金を並行して受給することはできません。そのため、今まで受給してきた年金をそのまま受給するか、今まで受給してきた年金から老齢年金に変更するか、あるいは基礎部分と厚生部分を組み合わせて受給（併給）するかを選ぶことになります。その場合には、まず、今まで受給してきた年金額と老齢年金の額を比較し、また年金事務所にも相談してみましょう。

5 住まいについて

　高齢になり、経済的あるいは身体的に元の住居での生活が難しくなった場合に利用できる住居を紹介します。

■ 公営住宅

　都道府県や区市町村などが運営する住宅です。所得が一定基準内で住宅に困っている人を対象に、低額の家賃で住宅を提供します。高齢者に一般の申込者より当選率が高くなる優遇策を行っている都道府県もあります。また、一定の入居者資格を満たす高齢者世帯を対象にしたバリアフリーの賃貸住宅であるシルバーハウジングも公営住宅の1つです。窓口は、都道府県の住宅供給公社や区市町村の公営住宅担当係です。

■ サービス付き高齢者向け住宅

　2011（平成23）年の「高齢者の居住の安定確保に関する法律（高齢者住まい法）の改正により創設された登録制度に基づいて登録を受けたバリアフリーの賃貸等の住宅です。単身高齢者または高齢者夫婦世帯が

対象です。ケアの専門家が少なくとも日中建物に常駐し、安否確認と生活相談を行います。このほか、食事提供などの生活支援サービスや、医療、介護サービスが併設されている場合があります。

■ 軽費老人ホーム（Ａ型・Ｂ型・ケアハウス）

介護保険法ではなく、老人福祉法に基づいています。原則として、60歳以上の高齢の人を対象とし、無料または低額な料金で利用できることが特徴です。給食サービスのあるＡ型、自炊を原則としたＢ型と、身体機能の低下などの理由で独立して生活することに不安のある人を対象としたケアハウスの３種類があります。

■ 有料老人ホーム

老人福祉法の規定に基づいた高齢者向けの入所施設です。食事提供、介護の提供、家事の供与、健康管理のいずれかのサービスを提供します。

自立した介護の必要のない高齢者が対象の「健康型」、生活支援等のサービスのついた「住宅型」と、介護サービスが受けられる「介護付」の３つの種類に分かれます。

「住宅型」は、介護が必要な人、そうでない人の両方が対象になります。「特定施設入居者生活介護」の指定は受けておらず、施設スタッフが介護サービスを提供するという体制はありません。介護が必要になった場合は、訪問介護等の外部の介護保険サービスを利用しながら生活を維持することが可能です。

「介護付」は、都道府県から介護保険上の「特定施設入居者生活介護」の指定を受けています。食事提供、健康管理、掃除や洗濯、入浴や排泄ケアなど日常生活における介護サービス全般が提供され、基本的には介護が必要な人の居住施設です。看取りまでの対応が可能なところや、看

護師が 24 時間常駐し対応するところとそうでないところ等、受けられるサービス内容や費用などがさまざまです。

いずれの施設も事前の見学と契約内容の確認が必要です。

Column

有料老人ホーム検討時のポイント

有料老人ホームの利用の目的は、「ある程度自分で生活できるので居場所を確保したい」「認知症の人への対応の優れたところ」「酸素や点滴が必要で、常に看護師がいるところ」など、さまざまあります。施設を探す目的を明確にしてから探していくことが大切です。目的に見合った施設が見つかった場合も、契約前にお金のことやケアのことなど、以下のような視点で事前によく確認しておくことが必要です。

また、施設の情報を多数持つ有料老人ホーム紹介業者が増えています。多くの事業者が無料で家族の相談に応じ、希望に見合う施設を複数選定し、施設見学同行や施設との橋渡しを担います。事業者の多くは有料老人ホームの広告掲載料や契約が決まった際の紹介料等で運営されています。そういった背景を踏まえた上で、信頼できる紹介業者を探すことも大切です。

お金のこと	ケアのこと
☐ 一時入居金はいくらか	☐ いつでもケアが受けられる？
☐ 退去時にいくら戻ってくるか	☐ 看護師は常にいるのか
☐ 1か月の総経費はいくらか	☐ ケアスタッフの人数は（日中・夜間）
☐ 追加費用はあるか	☐ 通院時の付き添いは頼めるか
	☐ 看取りに対応しているか
	☐ 退去になるのはどういうときか
	☐ 医療行為はどこまで対応できるか

9 生活困窮
1 生活やお金に困ったとき

　失業や病気、不安定な就労、低賃金、家族の介護、ひきこもりなど、さまざまな事情から生活に困り果て、相談しようとしても、誰に何を相談したらよいのかわからなくなり、途方にくれている……。そのような状況の人が増加しています。特に女性の場合、父親や夫といった世帯主の扶養になっている場合も多いため、困っている状況が見えにくくなっており、父親の病気や死別、夫との離婚などで、初めて表面化することが少なくありません。ここでは、生活やお金に困ったときに利用できる社会資源を紹介します。

1 生活に困ったときの相談窓口

　日本の福祉制度は縦割りなため、何に困っていてどんな相談したいのかがはっきりしていないと、相談することも支援を受けることも困難です。なかなか相談できずにいるうちに、生活費まで底をついてしまったという話もあります。生活困窮にかかわる相談窓口は以下のとおりです。

■ 自立相談支援機関

　生活困窮者自立支援制度の相談窓口です。この制度は、区市町村が行っている場合もありますが、社会福祉協議会やNPO法人等に委託している場合もあります。窓口の名称や相談場所はさまざまです。

> その他、活用できる資源
> ● 福祉事務所 ……（→ 173頁、212頁）
> ● 社会福祉協議会 ……（→ 196頁）
> ● 民生委員 ……（→ 197頁）

② 困窮した生活を支援する制度

生活困窮者自立支援制度と生活保護制度が柱となります。

■ 生活困窮者自立支援制度

すでに存在する制度では十分な支援を受けることができなかった、制度の狭間にいる人や、複数の問題が絡み合っている人の相談を包括的に受け、ワンストップで支援しようという制度です。生活困窮と聞くと、経済的な困窮が思い浮かびますが、それ以外も含めた生活全般の困りごとへの支援を行います。対象者は、経済的な問題などで生活に困っている人（生活保護受給者は除く）、長期間の失業状態が続いている人、ひきこもり状態にある人などです。

この制度には、自立相談支援、住居確保給付金、就労準備支援、家計相談、就労訓練、一時生活支援、学習支援の7つの事業があります。自立相談支援と住居確保給付金以外は任意事業となり、区市町村によっては実施していないところもあります。事業によっては、年齢、資産・収入要件があります。

ここが**P**oint!

現在、各地で生活困窮者を支援する取り組みが展開しています。食料を支援するフードバンクや、社会福祉法人が社会貢献活動として行っている生活困窮者への支援などです。地域によって差はありますが、根気強く社会資源を探すことが大切です。

■ 生活保護

病気や障害などの理由により、収入を得ることが困難で、利用できる制度やあらゆる支援を活用しても生活保護で定める最低生活費を下回っている場合、国が生活を保障する制度です。最低生活費は、世帯の居住

地、家族構成や障害の有無などの状況に応じて金額が定められています。生活保護は、最低生活費と収入を比較して収入が最低生活費に満たない場合に、その差額が支給されます。

　生活保護は申請主義のため、原則生活保護の利用を考えている本人の申請が必要になります。生命保険の有無や金融機関への預貯金の照会、親族への扶養照会等の調査がされ、申請後、2週間から30日で決定されます。

3 福祉資金の貸付

■ 生活福祉資金

　低所得世帯、高齢者世帯、障害者世帯に、無利子または低利子で貸し付けを行う制度です。

　原則として、連帯保証人を立てることが必要ですが、連帯保証人を立てない場合でも借入申込をすることができます。資金ごとに貸付の要件があり、各都道府県社会福祉協議会によって定められている審査基準により審査・決定されます。窓口は、区市町村の社会福祉協議会です。ただし、総合支援資金と緊急小口資金は、生活困窮者自立支援制度の支援

表8　生活福祉資金の種類

総合支援資金	生活支援費（生活再建までの費用）、住宅入居費（賃貸契約のために必要な費用）、一時生活再建費（生活再建のために一時的に必要な費用）の3種類。
福祉資金	福祉費（自立した生活を送るために一時的に費用と見込まれる費用）と緊急小口資金（緊急に生計の維持が困難になった時に貸し付ける費用）の2種類。
教育支援資金	教育支援費（高等学校、大学等に就学するために必要な費用）と就学支援費（高等学校、大学等への入学に際し必要な費用）の2種類。
不動産担保型生活資金	低所得の高齢者又は生活保護を受給している高齢者に、一定の居住用不動産を担保にして生活費を貸し付ける。

を受けることが貸付の要件になるため、生活困窮者自立支援制度の窓口
での相談も必要になります。

その他、活用できる資源
● 母子父子寡婦福祉資金 ……（→ 175 頁）

4 住居探しの支援

　低額所得者や高齢者、ひとり親、障害者など生活困窮に陥りやすい状
況にある人を対象とした、住居探しに関する支援制度です。

■ 区市町村の住宅課で行う入居支援

　高齢者、障害者、ひとり親など、さまざまな理由から民間住宅の契約
が困難な人の入居をサポートする制度です。協力不動産店や保証会社の
紹介などを行います。入居支援の有無、制度の名称、サポート内容、対
象者などは自治体ごとに異なります。

■ 住宅入居等支援事業

　障害者総合支援法の地域生活支援事業の一環として行われているもの
で、賃貸契約による一般住宅への入居にあたって支援が必要な障害者に
ついて、不動産業者への住宅あっせん依頼、障害者と家主等との入居契
約手続きにかかる支援、保証人が必要となる場合における調整、家主等
に対する相談・助言・入居後の緊急時の対応を行います。

■ あんしん賃貸支援事業

　高齢者、障害者、外国人、子育て世帯の入居を受け入れる民間賃貸住
宅や、仲介をサポートする協力店、入居者の居住支援を行っている支援
団体の登録を行い、登録された情報を提供することで、民間賃貸住宅へ

の円滑な入居をサポートします。登録された情報は、都道府県や区市町村等のホームページで提供されています。

　具体的なサポートとして、契約手続きの立会や、通訳、生活ルール等の説明、電話相談、トラブル時の対応、医療機関等の連絡等を行っています。

■ 住宅セーフティネット制度（改正住宅セーフティネット法）

　住宅の確保に配慮が必要な人の受け皿である公営住宅の大幅な増加が見込めない状況のため、増加している民間の空き家や空き室を活用していく制度です。この制度は、①住宅確保要配慮者向け賃貸住宅の登録制度、②登録住宅の改修や入居者への経済的な支援、③住宅確保要配慮者に対する居住支援の３つの大きな柱から成り立っています。登録された住宅や居住支援を行う団体などは、都道府県のホームページ等で情報提供されています。

第4章　女性を支援する社会資源　9　生活困窮

211

10 暴力、支配
1 暴力に対して

　ドメスティック・バイオレンス（DV）への対応は、適切な機関へ相談し、あわせて暴力の対象になりうる子どもについて相談先を確保し、そして暴力から避難することです。それらにかかわる資源をみていきます。

1 暴力に関する相談機関、制度

■ 配偶者暴力相談支援センター

相談内容は以下のとおりです。
- ・DVに関する相談（電話相談、面接相談（予約制））
- ・相談機関の紹介
- ・医学的、心理学的指導、カウンセリング
- ・被害者及び同伴者の緊急時における安全の確保及び一時保護
- ・自立生活のための情報提供、就労促進、その他の援助
- ・保護する施設の利用についての情報提供、その他の援助

■ 福祉事務所

　DVから避難した場合、生活費が大きな問題となります。特に、DV当事者は、就労経験がなかったり、働きたくとも小さな子どもがいて難しかったり、心身ともに働ける状態ではなかったりします。生活保護の相談のほか、低所得者に対して低利・無利子で貸し付ける制度（生活福祉資金貸付金制度）や子どもがいる人には、児童扶養手当などの制度の相談ができます。

■ 警察

暴力被害の防止と被害者の保護、緊急時の危機介入など、被害者の安全を確保する役割を担います。暴力が刑罰に相当するケースについては、被害者の意思を踏まえて、加害者検挙などを行います。被害者に、相手方を処罰してほしいという意思があれば、告訴状を出すことになります。

また、刑罰に抵触しなくとも、相手方への指導警告を行うことや、被害者に対して適切な自衛措置の役割をもっており、被害者に暴力被害の発生を防止するための措置について助言するなどの支援を行います。

・相談（犯罪被害者相談窓口、警察総合相談電話　生活安全課）
・緊急時の対応（110番に通報、警察署や交番に駆け込む）
・被害届、告訴状の受理とその後の対応、事件捜査
・被害者周辺の安全確保に必要な援助　周辺巡回など

■ DV 等被害者法律相談援助制度

2018（平成30）年1月から、改正総合法律支援法の施行により、DV、ストーカー、児童虐待を現に受けている人（現に受けている疑いがある人も含む）を対象とした法律相談援助制度が始まりました。特定侵害行為（DV、ストーカー、児童虐待）を現に受けている人（現に受けている、疑いがある方も含む）に対し、資力にかかわらず再被害の防止に関して必要な法律相談を行う制度です。

被害の防止に必要な相談であれば、刑事・民事問わず相談できます。相談は弁護士との面談相談です。利用は本人に限り、代理人による相談は対象外です。一定の基準を超える資産のある人は、後日、相談料（5,400円）を支払います。

DV 被害者のための相談機関電話番号案内サービス

「DVに悩んでいるがどこに相談したらよいかわからない」という場

合に電話をすると、全国どこからでも最寄りの相談窓口等を案内してくれます。電話番号は、インターネットで「パープルダイヤル　性暴力・DV相談電話」で検索できます。

その他、活用できる資源
- 児童相談所 ……（→ 148 頁）
- 子ども家庭支援センター・子育て支援センター ……（→ 149 頁）
- 子どもの人権 110 番 ……（→ 105 頁）

Column

DVと医療機関の役割

医療機関は、DVに関して、けが、疾患の治療とともに、DVの発見・教育、情報提供、記録、一時的に安全な場所を提供する役割があります。医療関係者は、DV被害者を発見した場合には守秘義務違反にあたらずに、その人の意思を尊重して支援機関に通報できます。

たとえば、暴力によって受けたけがによる受診、不眠や抑うつ、高血圧等の症状を訴える根本的原因が暴力であることもあります。また、入院中の患者さんのなかにも、退院を強く拒む理由としてDVや家族間の複雑な問題が潜んでいることもあります。

このように、医療機関では、DV当事者のニーズをキャッチし、治療や回復のプロセスに導く役割が期待されています。病院のソーシャルワーカーは、治療と並行して、問題の整理と具体的な生活の相談、社会資源の利用等を行います。また、地域のさまざまな関係機関と連携をとりながらDV当事者が持つ課題解決の支援を行います。

2 暴力からの避難

　DV被害を受けているときは、暴力から避難する場所を確保することが重要になります。

■ 家を出るときの準備

　身の危険が迫ってきて家を出る決断するときのために、あらかじめ計画を立て、準備をしておくことも必要です。以下がポイントです。

- ・金銭や通帳、印鑑、家や車のスペアキーを隠しておく。
- ・家族や友人とは決まりを作っておく（あえて誰にも伝えない方法もある）。
- ・暴力が始まったら警察に電話するよう隣人に頼む。
- ・凶器になるものを隠しておく。
- ・身体的な暴力被害にあったときは、医療機関や相談機関で写真を撮ってもらう。
- ・着替えと一緒に以下のものをバッグに入れて隠しておく。
  住民票番号（自分のもの、子どものもの）、賃貸や公共料金の領収書、運転免許証、銀行の口座番号、保険証書と番号、年金手帳、価値のある宝石類、重要な電話番号、子どもの思い出の品、子どものもの（学用品等）

■ DV当事者男性を遠ざけたいときの保護命令

　被害者が配偶者（事実婚の者および元配偶者を含む）からの身体に対する暴力により、その生命または身体に重大な危害を受けるおそれが大きいときに、被害者からの申立てにより、裁判所が配偶者に対し「保護命令」を出します。

　保護命令には、以下の4つがあります。保護命令を受ける要件として、配偶者暴力相談支援センターまたは警察への相談、公証役場での宣誓供述書（有料）の作成が必要です。申立人が住んでいる居所を管轄する地方裁判所に申立てすると、申立人が住んでいる場所が加害者にわかってしまうので、注意が必要です。

①被害者への接近禁止命令

　加害者が、被害者の身辺につきまとったり、被害者の住居や勤務先付近を徘徊することを禁止する命令。期間は6か月間。

②退去命令

　加害者に、被害者と共に住む住居から退去することを命じるもの。期間は2か月。

③被害者の子または親族への接近禁止命令

　被害者の子の身辺や学校等への接近禁止命令。被害者の親族の住居、勤務先等の付近への徘徊も禁止されます。期間は6か月。

④電話等禁止命令

　被害者への電話、電子メール等を禁止する命令。期間は6か月。

罰則

　保護命令に違反した者は1年以下の懲役、100万円以下の罰金。

■ シェルターの活用

　暴力被害を受けた場合の緊急避難場所として、公私のシェルターがあります。婦人相談所での一時保護と、その他、NPO法人がシェルターを運営している場合があります。一時保護を終えた後に継続して避難するところとしては、婦人保護施設があります。この施設は売春防止法とDV防止法により都道府県が設置しており、DV当事者の保護を依頼することができます。

　相談窓口は婦人相談所で、各市町村の窓口で相談ができます。一定年齢以上の子ども（中学生以上）がいる場合は入所が難しいなどありますが、その場合は児童相談所が相談に応じます。婦人保護施設での一時保護費は国費負担とされており、その後は、生活保護を受けることにより継続して支援を受けられます。

その他、活用できる資源

● 母子生活支援施設 …… (→ 179 頁)

家を出るときの注意点

・子どもがいる場合は一緒に避難する

　→あとから子どもを取り戻すのは、法的にも事実上も非常に困難になることが多いです。

・ブログや Twitter に投稿しない

　→投稿した内容から居場所を突き止められることがあります。

・手紙や住所録は家に残さない

　→残した手紙や住所録を見て、友人に電話をかけたり、家に押しかけて嫌がらせをしたりする加害者がいます。DV に関する資料なども家に残さないようにします。

・電話局から届く通話明細書に注意する

　→明細書の電話番号が手がかりになる場合があります。

・捜索願への対策をしておく

　→夫が妻を徹底して追跡しようとして、警察に家出人として捜索願を出すことがあります。被害者は、「警察本部長等の援助」の申出を行うことによって、警察は捜索願を受理しないことになっています。

・自分名義の通帳を持っておく

　→夫名義の通帳の場合、夫からの通知で引き出しを差し止められてしまうことがあります。

・家を出た後の携帯番号変更や請求書の送り先の変更に注意する

　→住所の確認書類が元の家に届き、居場所がばれてしまいます。

・住民票がなくても学校へは行けます

　→最寄りの学校、教育委員会へ相談してください。仮名を使用しての

学校生活もできる場合があります。

・健康保険証の使用に注意する

　→医療費明細書が郵送され病院の地域がわかり、加害者に病院で待ち伏せされることがあります。国民健康保険の加入について役所に相談ができます。また、受診時には、医療機関に事情を説明し、加害者からの問い合わせに応じない対応をお願いできます。

・住民票は移さないほうが安全

　→加害者に引っ越し先がわからないように、市区町村で支援措置が実施されています。申し出により、加害者から住民基本台帳の閲覧や住民票の写しの請求があった場合に、閲覧や交付を制限することができます。しかし、加害者以外から閲覧や交付の申し出があった場合には制限できない場合もありますので、住民票は移さない方が安全といえます。児童扶養手当や子どもの転校においても、DVの場合には事情を考慮した対応を検討してもらえます。

・マイナンバーカードの使用に注意する

　→マイナンバーカードでは、ネットワークシステム上で情報のやり取りがされ、その履歴がマイナポータル上に残ることによって、DV当事者の居住地がわかってしまうのではないかという問題があります。現在、各自治体で対策をとっていますが、注意が必要です。

　その他、不安なことや心配なことがあるときには、そのままにせず、配偶者暴力相談支援センターや、区市町村のDV相談の窓口に相談しましょう。

3 暴力から逃れたあとの対応

　暴力から逃れられても、離婚するには戸惑いがあるかもしれません。生活費や養育費の問題もあります。受けた暴力被害について告訴したい

等、さまざまな法律問題の相談は、各都道府県の弁護士会、地方自治体などで行っています。日本司法支援センター（法テラス）では、適切な相談窓口を案内してもらうことも可能です。都道府県の各弁護士会に、DV専門の法律相談を実施していないか問い合わせをして、弁護士を紹介してもらうこともできます。

■ 民事的対応

　DVにより離婚や慰謝料の支払いを求めることが考えられます。離婚には、話し合いによって離婚をする協議離婚、家庭裁判所の調停で離婚する調停離婚、裁判による離婚の裁判離婚の方法があります。

　子どもの親権や財産分与について、また別居中の生活費についての解決に活用します。離婚訴訟となった場合、DVが離婚原因と認められることはありますが、暴力の証拠が必要となるため、けがをした際には医療機関を受診し診断書をもらっておく、あざの写真をとっておく、DVを受けているときの音声の録音などを、加害者に見つからないように注意しながら行っておくことが重要です。

■ 刑事的対応

　DVにより身体的なけがを負うなどした場合、刑法の暴行罪や傷害罪として申告することも検討できます。その場合は刑事告訴することになるため、警察や弁護士とよく相談することが必要です。精神的な暴力については、その結果、PTSDに至るなど、刑法上の傷害とみなされるほどの状態になれば、傷害罪として加害者が処罰されることもあります。

10 暴力、支配
2 デートDV、ストーカーの相談機関

　デート DV、ストーカー被害の相談、支援を受けられる支援団体を紹介します。

■ 民間の支援機関

aware（アウェア）

　アウェアは、DV のない社会を目指して活動する民間団体です。DV 被害者支援の一つの方法として、加害者が更正するための DV 加害者プログラムを実施しています。また若者たちに起きているデート DV を防止するためのプログラムも行っています（アウェアの HP より）。

http://aware.exblog.jp/i3/

湘南 DV サポートセンター

　女性と子どもの人権が侵害されることなく、誰もがその人らしく生き生きと暮らすことのできる社会をめざし、特に、DV、虐待、いじめなどの被害を受けた女性や子どもの支援に力をいれています。

　アメリカの非営利団体 DAP が開発した『家庭内で暴力を目撃した子どもの心の回復プログラム』をカウンセリングやグループワークに取り入れ、被害者支援に取り組んでいます。また、「いじめ防止」や「デーティング・バイオレンス※防止」など、10 代の子ども向けプログラムを開発し、小・中・高校・大学で暴力防止教育を行っています（湘南 DV サポートセンターの HP より）。

※湘南 DV サポートセンターでは、デート DV を「デーティング・バイオレンス」と呼んでいます。

http://kodomo-support.org/

10 暴力、支配
3 性暴力被害の相談機関

　性暴力被害に関する相談・支援機関をみていきます。

■ ワンストップ支援センター

　ワンストップ支援センターは、性被害に遭った人の総合相談・対応をする公的な窓口です。国は全国にワンストップ支援センターの設置の促進を進めています。

　支援内容はそれぞれ多少異なりますが、電話相談、来所相談、受診付添い、心理カウンセリングなどがあり、主には被害直後の急性期の人を対象としています。

　専門の研修を受けた支援者が、医療機関、警察、弁護士、カウンセラーと連携をとり、電話や面接相談を通して相談を行い、必要な場合は関係機関に同行し、児童相談所や役所とも連携していきます。これにより被害直後の受診や警察への届出をどうするかの相談や、心身への影響の相談までを一か所で、そして切れ目なく行えることを目指しています。

・性暴力救援センター東京（SARC 東京）
・かながわ犯罪被害者サポートステーション
・性暴力救援センター・大阪（SACHICO）

■ その他の相談窓口

レイプクライシスセンター　TSUBOMI

　性暴力に遭った人が安心して相談や話ができ、必要な支援が十分に受けられるよう対応しています。電話相談、メール相談、面接相談、法律相談、病院等への付き添い、被害を受けた人の交流会等を実施しています。

221

法テラス「犯罪被害者支援ダイヤル」

相談窓口の案内や利用できる法制度など犯罪被害者支援に関する情報を提供しています。

女性の人権ホットライン

DV やセクシャルハラスメント等、女性をめぐるさまざまな人権問題の専用相談電話です。電話は最寄りの法務局・地方法務局につながり、女性の人権問題に詳しい法務局職員又は人権擁護委員が対応します。

東京・強姦救援センター

強姦や性暴力被害にあった女性のための電話相談や、強姦を容認し助長するものへの告発活動、強姦の問題を正しく理解するための社会啓発を行っています。

各都道府県警察の性犯罪相談電話窓口

性犯罪被害者が相談しやすいよう、各都道府県警察の性犯罪相談電話窓口につながる全国共通の短縮ダイヤル番号（＃8103）があります。

■ 子どもの被害に対応する機関

認定 NPO 法人チャイルドファーストジャパン（CFJ）

子どもが虐待等の人権侵害を受けた際、子どもから事実を確認するときに、調査・捜査のための面接（司法面接）と全身の診察を受けられるワンストップセンターです。児童相談所や警察等で構成された多機関連携チームで対応を行います。

その他、活用できる資源

● よりそいホットライン …… （→ 105 頁）

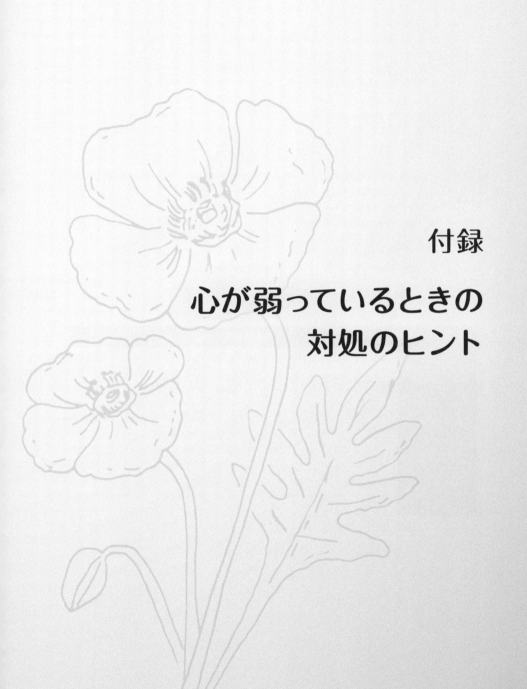

付録

心が弱っているときの対処のヒント

これまで元気だったのに、気持ちが沈む、気力が出ない、考えが悲観的になってしまう。誰でも心が弱ってしまうときがあります。ここではそのようなときの対処法をまとめてみます。

心が弱るとき

　生活は日々の出来事の連続です。友達との会話のなかでうまく返事ができなかった、仕事でミスをして上司に注意された、職場に馴染めず転職を考えている、親の介護が必要になったなど、大小さまざまなことが起こります。そんな生活の変化や危機的な局面、うまくいかないとき、思うようにならないとき、何かを失ったとき、体や気持ちを病んだとき、いろいろな場面に心が弱るきっかけが潜んでいます。

　ライフステージごとに、心が弱るきっかけをあげてみます。

表9　人の心が弱るとき

ライフステージ	心が弱るきっかけ
学生時代	・からだの変化・他者との比較・勉強・進学・異性・親との関係
就職期	・就職難・モラトリアム・不適応・ハラスメント・ワーキングプア・ブラック企業
結婚期	・結婚にまつわること・パートナーとの関係・親との葛藤・不妊・流産・DV・浮気
子育て期	・マタニティブルー・産後うつ・子育て不安・障害児・ママ友関係・思春期対応・子どもの病気・子どもの死・離婚
熟年期	・更年期・空の巣症候群・親介護・熟年離婚・パートナーの死
老年期	・病気・老い・不安

　心が弱るきっかけは、日々のなかにあります。外から見ると小さな事柄でも、本人にとっては、時に重大な問題です。食欲が落ちたり、眠れなかったり、体調に不調をきたすこともあるでしょう。問題が大きければなおさらです。本人にとってそれは特別な出来事であり、心が弱って

当然のことです。

　一般的に心が弱るきっかけとなるであろう要因を挙げました。もし、今、目の前にいる女性の心が弱っているとしたら……。そのきっかけは入っているでしょうか。または、他の人からも聞いたことがあることでしょうか。それはその女性にとっては「特別」です。しかし、弱っているのは、その女性の心が弱いのではないのかもしれません。弱ってしまうことは、特別なことではありません。『そんなときもある』と思えると、少し気持ちが楽になるかもしれません。

そんなときは？ 3つの方法

1　表出してみる

　心のもやもやを、頭の中にある混乱を、外に出してみるのも一つの方法です。自分の気持ちに素直に、泣きたいときには泣いてみる。不安や困り事をメモにしてみる。身体から、頭から出すことによって、少し気持ちが楽になったり、見えなかったものが見えたり、思っていたほどのことはなかったと思えたり、そんなことがあるかもしれません。無理のない範囲で行うのが肝心です。その人に合ったやり方が一番です。

2　何もしない

　心が弱った要因を取り除くことができれば、それは一番いい方法です。しかし、なかなかそうはいかないのが常でしょう。他者とのかかわりのなかで起こっていることを大きく変化させるのは、早々たやすいことではありません。

　そんなときには、『何もしない』こともありなのではないでしょうか。気持ちのなかで、問題を置いておく、その問題から離れてみる、後回しにする。『とりあえず』という選択肢をもつことが、自分を守ることにつながることもあります。

3　行動してみる

　自分だけでは解決できない、解決の方法がわからない、何をどうしたらいいのかわからない。心が弱っているときには、得てしてそんなふうになりがちです。少し周りの力を借りてみるのはどうでしょうか。人に話してみる、聞いてみることで、自分だけでは思いつかなかった視点や考え方が出てきて取っ掛かりが見つかるかもしれません。

　抱えている問題によっては、医療機関やその他の専門機関の力を借りることも有効です。

支援者も心が弱るときがある

　支援者もまた生活者です。自身の生活にもさまざまな課題を持ちつつ支援をしています。時には、相談者の課題と自身の課題が重なることがあるかもしれません。それは深い共感となり、相談者との信頼関係構築につながることもあります。

　逆に、大変つらい気持ちになったり、課題への対応がうまくできていない相談者にイライラしたり、強く接してしまったり、自分の価値観が前面に出てしまったりすることもあるかもしれません。

　人を支援するということは、自分を使って行うことです。心を良好に保ちたいものです。上記の3つの方法は、支援者にも有効です。

索引

A
ASD ················· 67

D
DV ······· 41, 63, 64, 166, 219
DVと医療機関 ······· 214
DV等被害者法律相談援
　助制度 ············· 213
DVによる身体的影響 ····· 65
DVによる精神的影響 ····· 66
DV防止法 ········· 62, 71, 75

L
LGBT ·············· 25, 26

P
PTSD ·············· 66, 67

S
SIDS ················ 141

あ
アイデンティティ ······· 24, 34
アカハラ ·············· 84
あんしん賃貸支援事業 ···· 210

い
育児休業 ·············· 114
育児休業給付金 ········· 114
育児（産後）支援ヘルパー
　··················· 146
育児不安 ·············· 46
育成医療 ·············· 189
いじめ ···· 50, 103, 105, 157
一時保育 ·············· 145
一時保護 ·············· 70
一般不妊治療費助成 ····· 186
いのちの電話 ·········· 106
医療機関内の相談窓口 ··· 180

医療ソーシャルワーカー
　··············· 98, 118
医療保険 ·············· 183
インターネット依存 ······ 28
インターネット依存専門外来
　··················· 106

う
うつ病 ·············· 56, 66

え
エンディングノート ······· 59

か
介護 ·············· 53, 57
介護休暇 ·············· 116
介護休業 ·············· 116
外国人の出生手続き ····· 137
介護保険サービス ······· 199
介護保険施設 ··········· 58
介護保険制度 ·········· 198
学習支援ボランティア ···· 161
家事相談 ·············· 167
家庭裁判所 ············ 165
家庭保育室 ············ 144
空の巣症候群 ··········· 52
患者会・家族会 ········· 181
がん相談支援センター ···· 181

き
キャリアウーマン ········· 52
キャリアコンサルタント ··· 108
休職 ················· 120
教育訓練給付金 ········· 111
教育訓練支援給付金 ····· 111
教育支援資金 ·········· 209
教育相談 ·············· 157
強制認知 ·············· 138
居宅訪問型保育 ········· 144

金銭管理 ·············· 57
勤務時間短縮 ·········· 115

く
区市町村の住宅課 ······· 210

け
ケアラー支援 ··········· 116
警察 ················· 213
刑事的対応 ············ 219
軽費老人ホーム ····· 58, 205
結婚 ··········· 36, 62, 127
健康保険 ·············· 135
限度額適用認定証および
　限度額適用・標準負担額
　減額認定証 ······ 184, 185

こ
公営住宅 ········ 58, 179, 204
高額医療・高額介護合算制度
　··················· 186
高額介護サービス費 ····· 200
高額療養費 ········ 183, 185
強姦救援センター ······· 222
公共職業訓練 ·········· 109
高校認定試験 ·········· 160
更生医療 ·············· 189
公正証書 ·············· 169
高等学校卒業程度認定試験
　合格支援事業 ········ 178
高等学校等就学支援金 ··· 162
更年期障害 ······· 21, 22, 52
国際結婚 ·············· 71
心の健康 ·············· 43
戸籍 ················· 139
子育て ·············· 44, 62
子育て支援センター ····· 149
子育てひろば ·········· 146
こども医療でんわ相談 ···· 150

子ども家庭支援センター … 149
子どもの医療費助成 ……… 187
子どもの人権110番 …… 105
雇用保険 …………………… 121
婚姻届 ……………………… 128
婚姻費用 …………………… 165

さ

サービス付き高齢者向け住宅
………………………… 204
財産管理 …………………… 201
再就職手当 ………………… 124
里親 ………………………… 131
産科医療保障制度 ………… 133
産後ケアセンター ………… 132
産前・産後休業 …………… 113
産前・産後ヘルパー ……… 133

し

シェルター …………… 71, 216
ジェンダー ………… 31, 35, 64
ジェンダーアイデンティティ
…………………………… 25
事業所内保育 ……………… 144
事後重症請求 ……………… 193
仕事 ………………………… 62
仕事と家庭 ………………… 52
仕事と子育て ……………… 48
自殺 ………………………… 29
自殺総合対策推進センター
………………………… 106
死産 ………………… 46, 141
死産届 ……………………… 141
事実婚 ……………………… 38
思春期 ……………………… 49
思春期・FPホットライン … 103
失業給付金 ………………… 123
児童虐待 …………… 47, 68
児童相談所 ………………… 148

児童相談所全国共通ダイ
ヤル ……………………… 150
児童手当 …………………… 136
児童発達支援 ……………… 153
児童扶養手当 ……………… 174
司法面接 …………………… 92
社会資源 …………………… 96
社会適応 …………………… 27
社会福祉協議会 …………… 196
社内の相談窓口 …………… 117
就学援助制度 ……………… 162
就学相談 …………………… 154
住宅セーフティネット制度 211
住宅入居等支援事業 ……… 210
重度心身障害者医療費助成
………………………… 188
出産 ………………… 45, 62
出産育児一時金 …… 122, 135
出産手当金 ………… 114, 122
出生届 ……………………… 134
出生連絡票 ………………… 134
障害児のきょうだい ……… 155
障害児福祉手当 …………… 151
障害児保育 ………………… 153
障害者総合支援法 ………… 190
障害者手帳 ………………… 191
障害者手帳取得者の手当
………………………… 194
障害年金 …………………… 192
奨学金制度 ………………… 163
小規模保育 ………………… 144
小児慢性特定疾病医療費
助成 …………………… 187
消費生活センター ………… 197
傷病手当金 ………… 121, 122
ショートステイ …………… 146
職業訓練受講給付金 ……… 112
職業病 ……………………… 125
女性医療 …………………… 100

女性健康支援センター …… 100
女性センター ……………… 100
女性相談・女性相談センター
…………………………… 99
女性の人権ホットライン … 222
女性の貧困 ………………… 34
女性弁護士 ………………… 171
女性ホルモン … 21, 22, 29, 52
所定外労働の免除 ………… 115
ジョブカード ……………… 109
自立支援医療 ……………… 188
自立相談支援機関 ………… 207
シングルマザー …………… 42
身上監護 …………………… 201
心身障害者福祉センター … 182
身体障害者手帳 …………… 191

す

スクールカウンセラー
………………… 75, 85, 104
スクールソーシャルワーカー
………………… 75, 85, 103
ストーカー ………………… 75

せ

生活困窮者自立支援制度
………………………… 208
生活習慣病 ………………… 55
生活福祉資金 ……………… 209
生活保護 …………… 57, 208
正規雇用 …………… 32, 34
青少年センター …………… 102
精神科 ……………… 50, 67
精神障害者雇用トータル
サポーター …………… 119
精神障害者保健福祉手帳
………………………… 191
精神通院医療 ……………… 189
精神保健福祉センター …… 104

成年後見制度 …………… 200	**と**	認定こども園 …………… 144
性犯罪 …………………… 28	同性パートナーシップ …… 39	妊婦健康診査 …………… 129
性犯罪規定 ……………… 93	独身女性 ………………… 37	**ね**
性犯罪相談電話窓口 …… 222	特定疾病 ………………… 198	年間死亡者数 …………… 58
性暴力 ……………… 86, 88	特定妊婦 ………………… 46	年金 ……………………… 57
性役割 …………………… 32	特定不妊治療費助成 …… 186	**は**
セカンドレイプ ………… 90	特別支援学級 …………… 155	ハーグ条約 ……………… 172
セクシャル・マイノリティ	特別支援学校 …………… 154	配偶者暴力相談支援センター
……………… 25, 26, 39, 42	特別児童扶養手当 ……… 151	……………… 70, 75, 212
セクハラ ………………… 81	特別障害者手当 ………… 194	発達障害 ………………… 48
摂食障害 ………………… 29	特別養子縁組 …………… 132	発達障害者支援センター … 149
全国子育て・虐待防止ホット	トラウマ ………………… 67	母親学級 ………………… 130
ライン ………………… 150	トワイライトステイ …… 146	ハラスメント ………… 33, 79
そ	**な**	ハローワーク ……… 107, 118
総合支援資金 …………… 209	難病医療費助成 ………… 188	パワハラ ………………… 80
総合労働相談コーナー … 126	難病患者就職サポーター … 118	晩婚化 …………………… 37
喪失体験 ………………… 56	難病相談・支援センター … 181	犯罪被害者支援ダイヤル … 222
遡及請求 ………………… 193	難病の人への手当 ……… 194	犯罪被害者法律援助 …… 171
た	**に**	**ひ**
待機児童問題 …………… 40	24時間いじめ相談ダイヤル	非行 ……………………… 158
単位制高校 ……………… 159	……………………… 157	非正規雇用
男女格差 ………………… 32	日常生活自立支援事業 … 202	…… 33, 35, 37, 40, 107, 115
男女共同参画センター … 100	日本型雇用 ……………… 32	ひとり親家庭 …………… 173
ち	日本女性法律家協会 …… 99	ひとり親家庭等医療費助成
地域包括支援センター … 196	入院助産 ………………… 133	……………………… 187
調停 ……………………… 165	乳児院 …………………… 131	ひとり親家庭の母等の職業
つ	任意継続被保険者制度 … 122	訓練 …………………… 111
通級指導学級 …………… 155	任意後見制度 …………… 201	ひとり親家庭ホームヘルプ
通信制高校 ……………… 160	任意認知 ………………… 138	サービス ……………… 177
て	妊娠 ………………… 40, 129	避難 ……………………… 214
定時制高校 ……………… 159	妊娠期 …………………… 44	病児・病後児保育 … 144, 145
低体重児出生届 ………… 135	妊娠高血圧症候群等の医	貧困女子 ………………… 40
デートDV ……………… 73	療費助成 ……………… 186	**ふ**
	妊娠届 …………………… 129	ファミリーサポートセンター
	認知 ……………………… 137	……………………… 147
	認知症 ……………… 55, 56	
	認知症疾患医療センター … 181	

夫婦間トラブル ……………… 41
夫婦別姓 ………………………… 38
福祉資金 ……………………… 209
福祉事務所 …… 173, 174, 212
婦人相談所 …………………… 71
不登校 …… 50, 103, 105, 158
不動産担保型生活資金 … 209
不妊専門相談センター … 133
フリースクール・フリースペース
　………………………………… 158
フレックスタイム制 ……… 115

へ

平均寿命 ………………… 51, 56
別居 …………………………… 165
ベビーシッター …………… 147
弁護士会 ……………………… 171

ほ

保育所 ………………………… 144
放課後児童クラブ ………… 145
放課後等デイサービス …… 154
法定後見制度 ……………… 200
法テラス …… 126, 170, 219
訪問学級 ……………………… 155
法律相談 ……………………… 170
暴力 ………………… 64, 65, 218
暴力被害 ……………………… 63
保健所・保健センター …… 131
保険料納付要件 …………… 193
保護命令 ………… 70, 215
母子家庭及び父子家庭高
　等職業訓練給付金 …… 112
母子家庭及び父子家庭自立
　支援教育訓練給付金 … 112
母子家庭等就業・自立支援
　センター ……………… 169
母子健康手帳 ……………… 129
母子生活支援施設 ……… 179

母子父子寡婦福祉資金 … 175
母子・父子自立支援員 … 174
母子・父子自立支援プログ
　ラム策定事業 ………… 176
母性健康管理指導事項連絡
　カード ………………… 113
ポルノ被害 ……………………… 87

ま

マタニティブルー ………… 45
マタハラ ………………… 40, 82

み

未払賃金立替払制度 ……… 126
民事的対応 ………………… 219
民事法律扶助 ……………… 171
民生委員 ……………………… 197

む

無戸籍児問題 ……………… 139

め

面会交流 ……………………… 166
メンタルフレンド ………… 148

や

ヤングケアラー …………… 115

ゆ

友人関係 ……………………… 28
有料老人ホーム …… 58, 205

よ

養育医療 ……………………… 187
養育費 ………………… 166, 170
養育費相談支援センター … 169
幼稚園 ………………………… 144
よりそいホットライン …… 105

ら

ライフサイクル …………… 20

り

離婚 ………………… 42, 166
離婚後 300 日問題 ……… 139
離婚手続き …………………… 167
離婚届 ………………………… 169
リストカット ………… 29, 68
流産 …………………………… 140
療育 …………………………… 153
療育手帳 ……………………… 191
両親学級 ……………………… 130

れ

レイプクライシスセンター
　TSUBOMI …………… 221

ろ

労災保険 ……………………… 125
老齢基礎年金 ……………… 203
老齢厚生年金 ……………… 203
老齢年金制度 ……………… 203

わ

ワークライフバランス …… 53
ワンオペ育児 ………… 47, 113
ワンストップ支援センター
　………………………………… 221

著者紹介

女性の暮らしやすさを考えるソーシャルワーク研究会＝編著

編集・執筆

小松美智子　　武蔵野大学人間科学部
── 1章、2章序文、4章序文

執筆

石田真理子　行政機関相談員
── 4章7・9

井上美穂　立川公共職業安定所
── 2章4、4章4・6

小俣智子　　武蔵野大学人間科学部
── 2章2、4章2

齋藤久美子　東京都健康長寿医療センター 認知症疾患医療センター
── 2章7、4章8

齋藤有香　独立行政法人国際協力機構 評価部
── 3章、4章10

富川由美子　東京女子医科大学八千代医療センター 入退院支援室
── 2章5、4章5、付録

永沼加代子　井上眼科病院
── 2章3、4章3

村本ゆう子　東京女子医科大学病院 医療福祉相談室
── 2章1、4章1

「女性の暮らしやすさを考えるソーシャルワーク研究会」について

　2012年、東京女子医科大学病院の医療ソーシャルワーカー（MSW）有志によって
立ち上げられ、DV当事者女性の支援を中心にケース検討やグループワークプロ
グラムの開発・調査研究などの勉強会を継続している。DV被害やハラスメント、
子育てや介護、経済困窮による生活苦など、社会的不利にさらされやすい女性の
さまざまな課題をテーマに、よりよい暮らしへの支援を活動の趣旨としている。
　2013年、東京ウィメンズプラザDV防止等民間活動助成事業の助成金交付を受け、
『女性のための支援ガイド DV当事者を含めたすべての女性のために』を出版している。

ソーシャルワーカーのための
女性支援ガイドブック

2019 年 6 月 24 日　初版第 1 刷発行

編著者	女性の暮らしやすさを考える ソーシャルワーク研究会
発行者	荘村明彦
発行所	中央法規出版株式会社

〒110-0016　東京都台東区台東 3-29-1　中央法規ビル
営　　業　TEL 03-3834-5817　FAX 03-3837-8037
書店窓口　TEL 03-3834-5815　FAX 03-3837-8035
編　　集　TEL 03-3834-5812　FAX 03-3837-8032
https://www.chuohoki.co.jp/

デザイン・DTP	北田英梨（ジャパンマテリアル）
印刷・製本	株式会社日本制作センター

定価はカバーに表示してあります。
ISBN978-4-8058-5906-3

本書のコピー、スキャン、デジタル化等の無断複製は、著作権法上での
例外を除き禁じられています。また、本書を代行業者等の第三者に依頼
してコピー、スキャン、デジタル化することは、たとえ個人や家庭内での
利用であっても著作権法違反です。
落丁本・乱丁本はお取替えいたします。